你的
亲子关系
价值千万

年糕妈妈
李丹阳
著

北京联合出版公司
Beijing United Publishing Co.,Ltd.

自序

养孩子，
你真的不用那么焦虑

大家好，我是年糕妈妈李丹阳。

我第一次怀孕是在 2013 年，那时候特别流行用食物给孩子当小名。

于是，还在肚子里的宝宝，被我取名为"年糕"。

年糕出生时六斤七两，软软糯糯的样子没有辜负他的名字。

从此，我成了全职妈妈，一个人在家带娃。

孩子出生第一年的所有辛苦、眼泪和无数个不眠夜晚的煎熬，看着小婴儿成长时难以言喻的满足，只要身为家长，都知道那种滋味。

而我唯一的不同，是多做了一件事。

2014 年秋天，年糕五个月大的时候，受妈妈群里闺密好友们的怂恿，我注册了一个叫作"年糕妈妈"的微信公众号，从解决小宝宝吃奶、睡觉、黄疸、湿疹等各种问题开始写，普及我作为一个医学生所能翻阅查找到的有效方法。

到今天，"年糕妈妈"的微信和全媒体育儿内容矩阵，已经有两千多万家长关注。而我，也和所有的年轻父母一样，在熬过那段关注孩子吃喝拉撒睡的阶段，气都还没喘匀时，发现——

新的挑战来了。

孩子在长大，从一个只会啼哭吃奶的小家伙，变成了有情绪、有思想、有个性的小人儿。

随之而来的育儿问题，不再像发烧该咋办、湿疹能吃啥那样，能找到一个标准答案。

隔代育儿带来的观念冲突、教育竞赛引发的攀比焦虑、家庭和事业难以平衡的身份焦虑，还有在移动互联网时代下全新的生活方式带来的育儿挑战……

对这一届家长，尤其是妈妈们来说，养儿育女这件事，好像从没有像今天这么难。

2018年夏天，我花了一个月时间准备一场以"亲子关系"为主题的线下巡讲，把我关于亲子关系的实践和思考带给妈妈们。

当我和大家面对面交流时，有几个妈妈让我印象深刻，她们的焦虑几乎在所有妈妈身上都会出现。

A妈妈说：我家小孩总是乱发脾气、不听话、不配合……虽然我也知道对孩子要平等、尊重、善于倾听，但我老公是个暴脾气，根本静不下心来和儿子交流，一着急就用打来解决问题，甚至说这个孩子要"报废重造"。

面对她的问题，我只能建议：没有一个小孩是天然听话的，而孩子的问题都是"打"出来的。如果家长不能正视自己，那么教育孩子就无从谈起。

和育儿有点粗暴的 A 妈妈比，B 妈妈和 C 妈妈堪称优秀。

B 妈妈在健身、工作、育儿等各方面都对自己要求很高；C 妈妈从怀孕起就开始学习各种理论，立志要在孩子半岁前看完所有育儿书。

即使这样，她俩还是焦虑得一塌糊涂。

B 妈妈说：儿子明明在幼儿园很懂事能干，为啥回到家就各种作，还是一副小孩的样子？

C 妈妈连儿子吃饭都急得不知该怎么办："你看他吃饭总是吃这么一点""营养跟不上，抵抗力又不太好""怎么这么让人不省心"……

其实孩子都很好，问题在于：她们给孩子的关注太多了！

有个成语叫"一叶障目"。孩子的问题就像眼前的叶子，如果只盯着它，再小的缺点也会被无限放大；把这片叶子拿开，你会发现，比起青翠蓬勃的小树，这片有瑕疵的叶子多么微不足道。

很明显，这两个妈妈需要解决的，不是孩子的问题，而是自己的心态。

对了，还有 D 妈妈。她说：我出门上班，孩子都是小手一挥说再见。她为此很忐忑——听说别人家小孩都是哭着喊着不让妈妈出门的，我家孩子这没心没肺的样子，是我没把孩子带好吗？

可是，这明明就是孩子安全感充足的好现象啊！亲子关系越稳定，孩子越平静。这个妈妈已经做得很好了，却还怀疑自己做得不够好。

从这四个妈妈的身上，你是不是或多或少地看到了自己的影子？

这四个妈妈有一个共同点，就是对"妈妈"这个身份非常焦虑。

其实我也一样，总会有着这样那样的担心。

我对孩子够不够好？我为他做得够不够多？

上班累到爬不起来，还会为不能给孩子准备早餐而觉得抱歉；小孩打了两个喷嚏，就责怪自己粗心，白天出门忘了给他多带件衣服。

外界的标准、自我的评价、孩子的反应……任何一点小事都能让当妈的焦虑起来。

我们生了个孩子，却把自己变成了人质。

该怎么摆脱这种焦虑？我觉得，根源就是要想清楚，妈妈对于孩子最重要的意义是什么？妈妈能为孩子做的最好的事又是什么？

操心孩子吃啥穿啥、焦虑他将来上什么学校，甚至盯着他写作业，这是孩子想要的吗？这就是好妈妈所能做的吗？

在"年糕妈妈"拿到一轮又一轮融资、有了越来越大的团队之后，我也成了传说中日程表满到飞起的"女强人"。

年糕上幼儿园以后，我就再没有给他做过一顿饭了。

我不止一次地要去回答人们意味深长的提问：你这么忙，还有时间管孩子吗？

他们的潜台词是：你还是个好妈妈吗？

面对这个问题，我同样经过一次又一次艰难的自我撕扯。而现在，我的答案是：我没有时间管孩子，但是我把时间都用来陪孩子。

所有人都觉得好妈妈应该把孩子吃喝照顾得很好，把家里收拾得很好。但对孩子来说，除了生理层面的需求，还有很多更高层面的需要被满足：他渴望被听见，要求平等沟通，希望自己做决定，期待自己被理解。

我不再纠结于陪伴年糕的时间长短，而是努力提升陪伴他的质量。每天晚上的亲子时刻，我会关掉手机，暂停一切事务，专心地和他做一个科学实验、搭一个乐高模型、看两本书……

这也是我和自己和解的方式。

当年糕能因为我的一句话破涕为笑的时候；当他和我一起玩桌游嘟嘟囔囔地说着"我可不想输"的时候；当他跟我挤在一个被窝里头挨着头看绘本的时候；甚至，在乱发脾气被我批评，他哭着说"妈妈，我要抱抱你"的时候……我越来越确定，比起"妈妈永远在场"，能给孩子高质量的有效陪伴、能关注到孩子精神层面的需求，也可以是好妈妈的一种打开方式。

我第一次看清楚了孩子最需要的是什么样的父母，父母又该怎么影响孩子。

虽然我不能每天接送年糕上学、不能精心为他准备饭菜，可我理解他的每个想法，尊重他的每个决定。

并且，我知道他会为我的努力骄傲，会期待成为像我一样的人。

回想去年，在我的演讲现场，不止一个妈妈泪流满面：原来，怀疑自己是不是一个好妈妈的焦虑，竟然能让一个女人如此痛苦。

也是因为这样，演讲结束后，我决定把我关于亲子关系理论的所思所想，以及我在育儿生活中发生的点滴写成一本书，分享给更多的妈妈。

所以，这本书要告诉大家的，不仅是如何聚焦亲子关系，也是怎么让妈妈们找回自己。

对于孩子来说，他需要的是更温柔的妈妈看到他、更平静的妈妈接纳他、更积极的妈妈带领他。

所有妈妈都请先记住这一点：只有和自己达成和解，才能养育更好的孩子。

这本书定稿付梓时，离那次演讲已经过去一年了，我也即将迎来第二个宝宝的出生，他／她的小名叫发糕。

我相信，二胎的育儿生活又将充满未知的艰辛挑战。

这一次，我已经不害怕了，因为我越来越确定，我该把力气用在哪里、该把时间花在哪里，才是孩子真正想要的。

亲爱的你们，也请坚定、勇敢，认真去享受成为妈妈后的人生。

目录

PART 01
好的亲子关系让孩子受用一生

017　为什么育儿会成为一场战争

022　育儿的本质，就是维护一段亲子关系

027　说再见时，自驱力是你唯一能给孩子的行李

PART 02
怎么做亲子沟通才最高效

037　爱发脾气的孩子，才不是被惯坏了

042　中国家庭的育儿僵局，就是缺少尊重

047　如何让孩子对你无话不谈

053　别给孩子贴标签

059　你自以为是的唠叨，其实会害了孩子

064　安全感够了，孩子的表现就好了

069　工具篇　如何处理分离焦虑

PART 03
告别吼叫，让孩子主动合作

077 孩子为什么不听你的话

082 立规矩不是为了惩罚孩子

086 别嫌孩子烦你，其实是你在烦孩子

091 分房睡，孩子走向独立的第一步

097 学会花钱，是孩子的一种重要能力

103 大人越放松，孩子越合作

108 性教育不会太早，只会太晚

114 工具篇 家庭惯例表

PART 04
如何培养一个高情商孩子

121 孩子情商高，是因为知道你爱他

126 自由的孩子才自律

130 有了小爱好，内向孩子自信了

135 现在输不起的孩子，长大也赢不了

140 懂得感恩，从教会孩子珍惜开始

144 关于共情，我们到底做错了什么

149 为什么要让孩子理解死亡

154 接纳孩子，他就是独一无二的

160 工具篇 家庭树和聊天工具

PART 05
高质量陪伴的秘密武器

169　放下手机，才能好好陪孩子

174　亲子阅读——再忙也不能少的十分钟

179　一起运动，养育自信、快乐的孩子

184　一起旅行——亲子关系的急救包

189　带孩子去博物馆，一百次都不嫌多

194　一场好电影，让大人和孩子一起做梦

199　一起玩桌游，在笑声中激发头脑活力

205　工具篇　发疯日

PART 06
学习力决定孩子一生的竞争力

213　玩就是最高效的学习

218　把生活里的挑战，都变成学习的机会

224　会说话的孩子，一开口就赢了

230　教孩子认字，要像吃饭喝水那么自然

235　培养专注力，让孩子的努力更高效

239　让脑子更聪明的办法，在手上

244　给孩子报兴趣班，请先想好这些事

251　真正决定智商的，是思维方式

256　工具篇　阅读银行

PART 07
更平和的家庭，更阳光的孩子

265　吼了孩子，我还是好妈妈吗

271　女人 30，更重要的是找到自己

277　要求孩子前，先要求自己

283　搞定一切的妈妈，都会时间管理

288　好妈妈胜过学区房

294　夫妻关系，是家庭关系的第一位

300　让爸爸带娃，我做对了三件事

306　婆媳关系，不是什么大问题

311　像管理企业一样管理家庭

316　工具篇　家人愿望卡

321　后记
　　　糕妈对话张泉灵——
　　　把孩子们自驱力的种子种进热情的保护区

好的亲子关系

让孩子受用一生

育儿这件事，为什么如此让人心力交瘁？

如果打个比方的话，我会说，我们的育儿生活，就像有很多人在给你导航，"下个路口左转""前方 500 米有红灯"，却缺了一个指南针，不知道真正的方向是什么。

2018 年夏天，我花了一个月时间准备一场以"亲子关系"为主题的线下巡讲，在演讲稿磨到第 13 遍的时候，一个模糊的想法冒出来了——

应该有一个什么东西，能解答这个问题。

这个东西，我将它称为"亲子关系金字塔模型"。

这本亲子书，也是从这个金字塔模型衍生出来的。在这一章里，我会用简单的篇幅解释一下这个模型，以此告诉大家：

在育儿过程中，最重要的到底是什么？

为什么育儿会成为一场战争

我写了五年育儿文章，也看了五年用户留言。

养娃就像升级打怪，问题总是层出不穷。每天都有无数妈妈给我留言，诉说自己全新的困惑。

"孩子性格敏感内向，老人说是我急着回去上班管得太少，我心里很内疚，但又不知道该怎么做才好。"

"朋友家女儿和我儿子一样大，人家都会背古诗认字了，我儿子却啥都不会，太落后了吗？"

"爷爷奶奶平时宠着孩子，5岁了还在喂饭。孩子被幼儿园老师批评了很多次，现在都不想上学了，怎么办？"

"孩子明明早就能自己上厕所了，最近却连着一个星期在幼儿园尿裤子，想知道他在幼儿园到底发生了什么事情，他就是不肯说，要怎么问呢？"

"给孩子报过好几个兴趣班，每次试听课他都很高兴地说'喜欢''想学'，上过几节又不去了，我该逼一逼吗？"

"孩子每天跟他爸一起刷抖音、拍抖音，家里只有我在担心对孩子有不好的影响，其他人都说就玩一会儿又不要紧，真的是我想多了吗？"

大数据显示，所有后台留言里，最高频的关键词是："道理""怎么办""不听"。

如果我们做一块屏幕，滚动播出妈妈们的这些问题，这些不断跳动的高频词会揭示我们当前育儿生活的真相，大部分问题的主体和核心是：孩子不听话／不讲道理，怎么办？

当妈妈们问出"怎么办"的时候，她们就像救火队员，永远都在寻求解决问题的办法。

难怪有人说，育儿就是一场战争。

但是，我们的孩子真是由一个个问题组成的吗？孩子和父母的关系，就是制造问题和解决问题的关系吗？

一定有哪里不对吧？我这样问自己。

问题背后的实质

上面这些问题，我当然可以给出答案：

怎么帮助内向的孩子建立自信，怎么在生活中为孩子做好认字准备，怎么找出孩子在幼儿园出现行为退化的原因，怎么给孩子挑兴趣班，怎么合理地给孩子安排电子屏幕时间……

延展开去，每个问题都可以变成一篇告诉妈妈们解决方案的文章，这些就是我这几年的主要工作。

从怀孕开始，我就在看大量的育儿书，我所有的日常工作，也都是在努力解决家长们最实际的困惑。我和团队的小伙伴们写了几千篇育儿文章，也做了很多针对家长的付费课程。但是，看得越多，想得越多，我有了一种越来越强烈的感受：

我们了解到，很多育儿场景中的实际问题都是有解决方案的。但是，家长最关心、最深层次的育儿焦虑，难道就是这些"怎么办"吗？

想象一下，如果我在那块不断滚动着妈妈们问题的屏幕上写下答案，就能解决所有育儿生活中的困惑吗？

肯定不是的。

那些妈妈的留言，看起来是一个个独立的问题，涵盖了我们育儿生活的很多方面：孩子的早期启蒙、生活习惯养成、隔代育儿的矛盾冲突、新的生活方式带来的育儿挑战，等等，等等。但是在这些问题背后，我看到的是同一件事：焦虑。

我想，家长之所以焦虑，是因为不知道从什么时候起，这种观点开始流行：父母要对孩子的人生负责，家长的教育方式很重要，家庭教养能影响孩子一生。

当我们每天面对繁重的育儿任务、层出不穷的育儿难题时，尤其是当很多育儿文章动不动就说"家长这么做，毁掉孩子一生"时，压力很容易使人"动作变形"，只要想想你现在纵容孩子多看一集动画片也许就会导致他长大后无故旷工，真是足以让人焦虑到崩溃。

当父母坚信自己要对孩子的行为负责、要去寻求解决方案时，我们心里其实是迷茫的，根本就不知道自己到底有没有用对力气。

父母做了什么和孩子长成什么样，它们之间真的有必然联系吗？

家长真的有能力决定孩子成长为什么样的人吗？

什么样的孩子会成功？父母能给孩子最大的影响又是什么呢？

这些问题，没有一篇育儿文章能告诉我们答案。但是，想清楚这些，才是解答所有问题的钥匙。

我们需要真正的方向

如果要打个比方的话，我会说，我们当下的育儿生活，就像有很多人在给你导航，"下个路口左转""前方 500 米有红灯"，却缺了一个指南针，不知道真正的方向是什么。

2018 年夏天，我花了一个月时间准备一场以"亲子关系"为主题的线下巡讲，在演讲稿磨到第 13 遍的时候，一个模糊的想法冒出来了：

应该有一个什么东西，能解答这个问题。

我不知道那是什么，也许是一个公式、一个模型、一个定义？

于是，我在会议室的白板上开始随手涂画，然后，就有了这个：

在数次修改、优化，跟育儿专家、心理学老师们沟通请教之后，它从白板上的一个三角形，变成了这样的"亲子关系金字塔模型"，我不断用理论、故事去丰富它的内涵，把它带到线下巡讲中，给很多妈妈讲解它。

这个金字塔模型，并不是一次灵光乍现，而是基于我这几年的学习和思考，更是从我育儿生活的点滴中滋生出来、从我心里流动出来的东西。让我骄傲的是，妈妈们的反馈告诉我，它真的有用，它能够解释我们育儿生活中真正的困惑。

而这本亲子关系书，也是从这个金字塔模型中衍生出来的，我会用简短的篇幅解释一下这个模型，告诉大家——

在育儿中，最重要的到底是什么？

我认为，是亲子关系。

当妈妈们问"我该怎么办"时，最深刻的无奈，是把育儿当成了一种操作，坚信自己该做些什么，才能得到什么结果。

事实上，只有我们把育儿看成一段关系，才能改变这种思维方式：孩子是个不断成长的独立个体，他有自己的思想、情绪和个性。

一段关系出了问题，不是大数据和方法论能够解决的。因为任何一段关系都是双向的、流动的、独一无二的。亲子关系，才是我们育儿生活的起点和终点。

育儿的本质，
就是维护一段亲子关系

美国著名亲子沟通专家、"平和式教养法"创始人劳拉·马卡姆博士说过一句话，我深深认同——

育儿中要把 80% 的力气，花在搞好亲子关系上。

我最推崇的"游戏力"育儿理论的创始人科恩博士也一再强调：大部分育儿问题，都是亲子关系中的情感联结没有做好，而亲子联结的好坏，会对孩子未来的学习、生活、成就乃至社交都产生影响。

其实，在我看来，说得更直接一点，育儿的本质应该是维护好一段亲子关系，换成大白话，就是和孩子好好培养感情。

我建立的亲子关系金字塔模型，其实就是为了帮助大家搞清楚一件事：为什么亲子关系这么重要？亲子关系又是凭什么能解决育儿中的大部分问题？

亲子关系金字塔模型的四个层面

在亲子关系金字塔模型里，我把亲子关系分成了四个层面。

底层是生理需求的满足。每一段亲子关系，都是从我们照顾一个小宝宝吃喝拉撒开始的，在他有独立生活能力之前，父母给予他生理需求的满足是基础。

但这也只是最最基础的部分，再往上一层，我把它定义为"亲子关系的浓度"。陪着不等于真正的陪伴，好的亲子陪伴，是需要浓度的，也就是关注到孩子认知和情感需求的"高质量的陪伴"。

这两层关系，其实很简单，它解决问题的核心在于：

孩子听谁的话？和他关系好的人。

怎么才能和他关系好？陪他玩，陪他做有意思的事情，让他感觉到"和爸爸妈妈在一起，我很开心"，这就是亲子关系的浓度。

我有个朋友是很忙碌的职场妈妈，每天晚上到家，只来得及在孩子睡前陪半个小时。于是，她就设计了一些固定环节：和孩子看一本绘本，玩一个枕头大战之类的小游戏，然后睡前聊天，讲讲彼此这一天都做了什么、有什么开心的和不开心的事情。

这半个小时，就是她对亲子关系的投资，她给孩子的，是浓度很高的关注和陪伴。

这样的结果是什么呢？外婆每天花很多时间在家照顾孩子，却总是抱怨"为什么孩子只听妈妈的，不听我的"。同样一件事，比如说带孩子一起收拾玩具，为什么妈妈喊得动，外婆却喊不动？

用亲子关系金字塔模型，我们就能解答：外婆很辛苦，但是她的时间花在扫地、洗衣、做饭上，她关注的是孩子冷不冷、饿不饿，这只是生理层面的满足，而妈妈却做到了第二层，她和孩子的情感联结更紧密。

就像劳拉博士告诉我们的那样，和孩子建立理想的亲密关系，才是父母平和、孩子快乐的唯一钥匙。解决了关系问题，很多家庭的育儿矛盾，甚至战争就不会发生了。

这也解决了很多妈妈无法兼顾职场和育儿的焦虑。你陪孩子的时间少，孩子就真的管不好了吗？我的选择就是，把时间花在刀刃上，这个刀刃就是维护亲子关系。

抓住亲子关系，才能放手你的焦虑

但是，孩子和家长关系好了，到底能带来什么呢？只是听话吗？

现在家长关心、焦虑的，其实更多一些。说白了，孩子以后读什么学校、做什么工作、赚多少钱，怎么样才能有一个富足体面的人生，这些问题是亲子关系能解决的吗？

未来社会竞争更激烈，难道不该逼一逼孩子吗？

顺着孩子，总陪他玩，亲子关系当然好了，但这不会让孩子更难管教吗？这是对孩子的未来负责吗？

所以，现在的家长是怎么样的呢——

着急给孩子安排各种早教课，生怕没有给到足够的大脑刺激。

被各种敏感期搞得团团转，好像错过了一个什么敏感期，就是亲自砍断了孩子人生的某种可能性。

怕孩子不听话，家里总是要有一个唱红脸、一个唱白脸。

生怕对孩子教育不够重视，让孩子输在起跑线上，每个周末都奔波在去各种培训班的路上。

为了让孩子能读到好的学校，砸锅卖铁买学区房。

这样的家长殚精竭虑，听从了导航，却偏离了方向。

真正的方向，不是你为孩子规划了什么、安排了什么，而是"亲子关系金字塔"的第三层：榜样的力量。

有一句话是这么说的：孩子们从来不太爱听大人的话，但是大人做什么他们就学什么。

发展心理学告诉我们，孩子是通过模仿来学习的。孩子会模仿什么人呢？和他关系好的人。

这就是加利福尼亚大学伯克利分校的发展心理学家艾莉森·高普尼克提出的：你是个什么人，你跟孩子关系怎么样，比你对孩子怎么做要重要得多。

就像很多家长抱怨孩子不爱看书时，会留言问："糕妈，我到底该怎么做？该给孩子买什么书？"

但是，我的答案会有点残忍：一个不爱看书的家长，怎么能养出爱看书的孩子呢？

这个解决方案，说简单又不简单：家长拿起书本，才是最正确的示范。

大部分育儿书都在告诉我们要怎么对待孩子，而其实，建立理想的亲子关系，先要解决父母自身的问题。

人是关系的产物，我们一生要面对很多关系。婚姻讲求"门当户对"，朋友讲求"志同道合"，这些关系都是双向的、相互影响的，所有好的关系都能带来一个美妙的副产品——自我的成长。那么，为什么到了亲子关系，却变成了父母对孩子的单向操作呢？当你把力气花在送孩子去培训班、把钱花在给孩子买学区房，自己却在刷着手机的时候，就是弄错了重点。

　　想要一个更好的孩子，你得先当一个"配得上好孩子"的父母。所以，当我分析完亲子关系金字塔模型自下而上的三个层面：生理需求的满足、亲子关系的浓度和榜样的力量时，结论其实很简单——首先和孩子搞好关系，然后搞好自己。如此，良好的亲子关系将推动你抵达金字塔的顶层：养出一个有自驱力的孩子。

说再见时，
自驱力是你唯一能给孩子的行李

和其他关系不同，为人父母这件事，当你踏上第一步的时候，就要为说"再见"的那一天做准备。

当孩子独自上路、去寻找自我的时候，我们无法控制他的旅程，唯一能做的，只是交给他一个行李。

这就是我们要讨论的：我们真正能影响孩子的到底是什么？

分别的那一天，你交给孩子一个行李，里面装的是什么呢？

我想给孩子的行李，就是放在亲子关系金字塔模型顶层的三个字：自驱力。

自驱力是什么

欧洲开明专制君主第一人腓特烈大帝强迫自己每天凌晨四点起床，他命令仆人在他不愿起床时，扔一条冷毛巾到他脸上。

对此，另一个故事也许更广为人知，是 NBA 球员科比说的："我的成功并不是因为天赋或才能，而是从每天凌晨四点开始的苦练。"

网上流传过王健林每天的日程表，同样从凌晨四点起床健身开始；而李嘉诚更是连续工作了 78 年，在 90 岁高龄时才宣布退休。

　　君主、篮球巨星、商界领袖，这些人都是世俗意义上站在金字塔尖的人，他们成功的背后有很多东西。但是，我看到了一个共同的东西，那就是自驱力。

　　那是当他们已经坐拥权力、名声和财富之后，仍然能推动自己前进的东西。

　　通俗地说，自驱力就是一个人不需要外界的推动、自发地要让自己变得更好的能力。

　　很多大学毕业典礼的致辞里，校长都会提到：未来一个人更核心的能力，是怎样成为一个更自由的人。

　　没有人可以在不愿意去的地方取得第一，所以要"先到你想去的地方，然后再到你应该去的地方"。

　　当他们站在那个高度，就更能看清教育的意义。这种自由，就是能得到去追求自己想要的东西的能力。

　　相比世俗对成功的定义，做一个有自驱力的人，才能推动孩子走得更远。

　　而这，也是在一段好的亲子关系里，父母能够陪伴孩子找到的东西：人生的意义，真正热爱并愿意为之奋斗的东西，最终成长为一个有自驱力的人。这才是一段好的亲子关系的最终指向。

　　也就是说，当孩子离开父母的时候，他已经做好准备，知道怎样让自己成为更好的人。

　　这比你去担忧他以后读什么学校、做什么工作、赚多少钱，怎么样才能有一个富足体面的人生，都更为重要。

父母的推动养不成自驱力

每个父母，都想尽自己最大的努力，给孩子最好的未来。但是为人父母的意义，是让孩子为今后的生活做好准备。

当我们认可自驱力才是孩子将来真正需要的东西时，我们就会发现，我们在当下的育儿生活里到底走了多少弯路。

现在最流行的"直升机式父母"，指的就是劳心劳力为孩子操持一切的家长，小到吃饭穿衣，大到上培训班、买学区房、挑选学校和填报志愿，甚至工作和结婚对象的选择，他们相信，只有这样才算对孩子的人生负责。

美国斯坦福新生学院前院长朱莉·利斯科特·海姆斯也曾事无巨细地帮助两个孩子积极规划，并且认为那是自己对孩子最好的安排。后来因为工作，她接触了数千名进入斯坦福的孩子，由此发现，这些在父母"清单"下长大的孩子，出现了非常大的问题——

1. 这些孩子认为，要是没有父母的"清单"，自己不可能成功，除非父母可以随时保护和纠正自己。

2. 这些孩子活着，只是为了完成家长的既定目标，对其他事都漠不关心。

3. 孩子认为他们的价值，只来自好成绩。

4. 这些孩子无论是在大学里还是在进入职场后，都在等待一个清单，但这个清单并不存在，于是他们蒙了。没有指令，他们就不会主动做事，更不会去试错，因为他们从小到大都只会做被安排好、万无一失的事情。

朱莉说："曾经我对待我的两个孩子，像对待盆栽一样，总想要小心地把他们修修剪剪，塑造成完美的人，把他们送进最受欢迎的大学。但是，当我在工作中接触了几千个别人家的孩子后，我才意识到，我的两个孩子，他们不是盆栽，他们是野花，未知品种的野花，我的工作是提供成长的环境。"

当家长们以为在用经验帮孩子少走弯路的时候，他们的安排却剥夺了孩子一生最重要的能力——自驱力，也就是当孩子看到自己的行动能产生成果，从而建立起来的动力和信心。

而这才是伴随孩子一生，无论遇到怎样的情况都最有用的能力。

自驱力来自亲子关系

美国教育学家高尔德夫妇分享过一个故事——

高尔德的父亲是个数学老师，他曾教过两个学生。一个是他教过的最聪明的学生，然而这个学生并没有表现出多少真正的好奇，几乎只是仗着自己的天分，而且，他也很少在意其他同学的进步。

另一个学生则是"典型的苦干者"。他在学习上有很大的困难，却表现出了学校所倡导的那些品质和美德，如好奇、勤奋、同情心、诚实等。

在传统评分体系下，这两个孩子一个拿到最高分，另一个拿到最低分。

但是几十年后，老高尔德偶然知道了这两个学生的状况。那个"天才学生"做过不少工作，不过都称不上真正的成功。那个"苦干学生"则成了知名的工程师，有着幸福的家庭。

看到这个故事的时候我深受触动，一个孩子是否具有天赋的能力，这也许来自基因的馈赠，但是一个孩子能不能拥有良好的品格和完整的人格，才是我们要致力于亲子关系的原因。

对于后一个孩子来说，成功其实只是他人格完整、能够自我驱动之后的副产品。

当我们想清楚这一点，也就能看清亲子关系带来自驱力的本质——

在更亲密的关系和更平和的情绪里，孩子从家庭、外界环境中不断学习和探索，从父母身上得到正向的激励，总有一天，他会做好准备，找到自己人生的意义，他也知道父母将支持和尊重他的选择。

蒙台梭利早就提醒过我们："如此深爱我们的儿童终将长大，这种爱终将消失。到那时，谁还会像现在这个儿童那样爱我们呢？"

而我也想告诉大家，把时间、力气都花在最重要的事情上，那就是好的亲子关系。

只有这样，我们这一代家长才有可能得到从未有过的东西：

当孩子长大、成为一个独立的个体之后，联系我们之间的组带，不再是生存依附，不再是血缘关系，不再是责任和恩义，而是家人之间真正的彼此欣赏和尊重。

因为这个信念，我把亲子关系金字塔模型带回到我的育儿生活中，用接下来这一本书的篇幅展现给大家看，希望能给你的育儿生活一点启发。

PART

02

怎么做亲子沟通
才最高效

一个小宝宝想把方形的积木块放进一个圆形的孔，放不进去，他就开始大哭、发脾气、蹬腿……当我看到BBC纪录片《北鼻异想世界》（*The Wonderful World of Babies*）里的这一幕时，我想起我的公众号后台千万用户的留言中一个高频问题：孩子总爱发脾气，怎么办呀？

老人们总喜欢说："这孩子，不愁吃不愁穿，家里一切好东西都给你了，你还发脾气，这还得了，这不是被惯坏了吗？这还有规矩可言吗？"

读完这一章，你会了解孩子产生情绪的生理和心理原因。他们大脑中负责控制情绪的部分还在不断发育，他们控制不好情绪，真的不是被惯坏了。有了这层基础的认知，我们才谈得上跟孩子进行有效的沟通，才能放下成人世界那种"你与我作对"的想法，真正走到孩子身边，走到孩子心里。

爱发脾气的孩子，
才不是被惯坏了

有个知名女教授，因为告诉大家"孩子发脾气，父母该怎么办"而在网络上蹿红。

这个教授还原了家庭中一个特别常见的场景：父母带孩子出门，孩子看到小汽车后非要买，但是家里已经有很多了，妈妈就劝他不要买，但孩子根本不听，不给买就哭闹、满地打滚。

这时，家长该怎么办呢？这位教授给出了她的建议：把孩子抱起来，抱回家，放进卧室，关上门，陪着他，让他哭个够。

同时家长一定要记住"四个不要"：不要打，不要骂，不要说教，不要走开。看着孩子闹，就算他磕到脑袋也不要管，他知道疼。等他哭到筋疲力尽了，你再给点爱，比如拿条热毛巾给他擦把脸等。这个时候孩子可能以为你心软了、回心转意了，但是你一定要坚定地说："还哭吗？要哭接着哭。"

家长可以用这种方式告诉孩子：你闹吧，我不心疼，我也不让步，你就闹吧。只需这一次，他就会记住：闹是没有用的。

看起来，这个方法非常棒：妈妈没有跟着孩子一起情绪失控，也没有打骂孩子，更没有娇纵孩子，一次就让孩子记住"以后这样是没用的"。所以，即便这是一段十多年前的发言，现在却依然收获了一片叫好声。

这个看起来很有效的育儿方法，其实可以找到疑似出处。《正面管教》里就提到，当孩子情绪失控的时候，家长可以采用"积极暂停"的方法。

积极暂停，并非惩罚孩子的手段

积极暂停的目的在于，让每个人（事件中的大人、孩子）都能足够冷静地接通理性的大脑，再去解决问题。

这种教养方式的确科学有效，但糟糕的是，这位女教授跑偏了。为什么说她跑偏了？因为积极暂停的核心和关键在于"积极"，而不是"暂停"。

我们的目的是，通过积极暂停，让孩子有足够的时间和空间平复情绪，停止发脾气，然后可以更理性地去看待和解决问题，而不是让他觉得"我此刻是在为刚才的错误行为买单"。

一旦去掉"积极"，"暂停"就很可能带上惩罚的色彩。

而在这位女教授举的案例中，她并没有考虑到真正理解和接纳孩子的感受，而是把恢复理智的情绪冷静过程，变成了家长用权威强迫孩子妥协的冷暴力。这种方法恰恰完全舍弃了"积极"，把"暂停"变成了家长权威的宣誓：你就是错的，不停讨要玩具是不被允许的。

这种做法背后有着这样一个预设：孩子不停讨要玩具，是自私且不明事理的，所以必须对孩子说"不"，不管原因是什么。

虽然没有打骂和说教，但这种做法本质上依然是惩罚孩子：因为你没有按照我说的来做，所以你现在所有的闹脾气都是不合理的，我不会满足你的要求。

可是，除了积极暂停，《正面管教》的作者还说过这样一句话："我们从哪里得到一个如此疯狂的念头，认为要让孩子做得更好，先要让孩子感觉更糟？"

把积极暂停当作惩罚孩子的手段，作者自己也是万万不能认同的！

帮助孩子认知情绪，才是积极暂停的目的

孩子发脾气最根本的原因，是当他各方面能力都在飞速发展的阶段，思考能力明显比其他能力发展得更快。大脑经常让他想去做点什么，身体却经常不那么配合，所以他做不到。

这时，孩子自己的内在矛盾就爆发了——不管三七二十一，就是要发脾气！

更麻烦的是，因为大脑负责情绪调节的部分还不成熟，孩子不知道怎么让自己平静下来。这就需要家长根据孩子的发展阶段，帮他一起调节情绪。积极暂停，正是帮他调节情绪的有效途径。

那么正确的积极暂停到底该怎么做呢？

我曾经在网上看到国外一个爸爸处理女儿发脾气的情况，就是正面示范。

这个爸爸带着女儿去商场，但是女儿突然哭闹起来，他二话没说，就把女儿带到超市外空旷的停车场，让她坐在自家车头上。

此时，爸爸的做法就是积极暂停的第一步，离开喧闹的超市，给女儿和自己一个情绪冷静的空间。

接下来，他也没做什么，只是让女儿继续"发泄"。

在这个短暂的间歇里，孩子的情绪慢慢稳定下来了。这位爸爸才开始心平气和地跟女儿交流："现在能好好听话了吗，安静地，不吵不闹？"孩子有点懵懂地点头——当积极暂停开始发挥作用，就可以开始和孩子讨论：想回到商场的话，应该做些什么。

爸爸给女儿提了很多建议，并且再次强调，如果她不愿意回去的话，"我可以在这里陪你，想待多久就待多久"。

这种办法就特别值得借鉴。而且从孩子的发展来看，这种方法对4岁以上的孩子来说效果更好。因为他们更能理解父母的情绪，可以更好地控制自己。

每个家长都对孩子乱发脾气很头疼，但仔细想想，一个3岁孩子想买小汽车，真的就代表他任性吗？他发脾气、哭闹，就是不讲道理吗？

并不是！可能我们没有看到孩子这些情绪背后真正的需求，没有真正地蹲下来给予他尊重和理解。

有位法国心理学家也遇到过相同的情况。

有次看马戏，孩子非常想买一只气球。这时，她是怎么做的呢？

她没有直接拒绝孩子，或者教训孩子不懂事，而是试着用孩子的眼光去观察，然后发现那些气球真的很好看。

于是她和孩子讨论起自己喜欢的气球：哪只气球更漂亮、哪只上面有美人鱼或鹦鹉、自己更喜欢哪一只……在这样愉快的讨论中，孩子的需求得到了表达，孩子从中感受到被妈妈接纳的愉悦，从而获得了充分的满足感。

孩子不再要那只气球了，安安静静地看完了整场马戏。

很多家长不希望孩子发脾气、哭闹，真正担心的是孩子会失控，担心自己的家长权威可能被孩子的不当需求绑架。

但当情绪失控的时候，孩子往往更需要父母的帮助：他正在被难过、愤怒、挫败等各种情绪困扰着，但又停不下来；他更需要知道：情绪并不可怕，任何情绪都是可以得到接纳和理解的。

如果我们不能蹲下来去了解孩子真正的想法，那么再好的教养方式、再科学的管教方法，最后也会变成情绪的宣泄，变成对孩子的惩罚。

其实，往往只要一个理解的拥抱，帮孩子表达出内心所想，你就能真正收获一个乖巧懂事的孩子。

中国家庭的育儿僵局，
就是缺少尊重

我的一个朋友周末带儿子去上体能课，遇到了一件事。

有个来参加体验课的小男孩一直哭着说不想学，他妈妈劝了一会儿没效果，就开始跟孩子说："现在你心里面是不是有两个小人儿在打架，一个说想学，一个说不想学？"

小孩点点头。

妈妈又问："那谁赢了啊？"

孩子高兴起来了，说："说不想学的赢了。"

听到这里，朋友说她还挺惊喜：这是学过游戏育儿的家长啊！这是懂得共情的家长啊！

没想到下一秒，这个妈妈就破功了。

听到孩子的答案后，她拉下了脸，严肃地说："不行，必须是说想学的赢了，只有这一个结果。"

这个场景，是不是让人哭笑不得。

我们这代家长，开始学着把"尊重孩子""理解孩子"挂在嘴边。就像这个妈妈一样，她看起来学了不少育儿知识，也懂很多套路，似乎也尝试了让孩子表达意见。

但是，当冲突真正发生时，她还是只有"假装听见"的套路，没有真正地尊重理解。长此以往，本该畅通的亲子沟通路径不可避免地会被堵上。

尊重孩子，先得理解孩子

我还想说说发生在我们家的故事。

某天一大早，年糕和奶奶在客厅里对峙。

初春微寒的天气，年糕只穿了件蓝格子衬衣站在墙角，奶奶拿着他的红色毛衣，两人僵持不下。

"非要穿这件衬衣，外套也不肯穿，感冒了怎么办？！这小孩怎么这么不听话！"奶奶的声音越来越大，显然是急的。

我看了看快哭了的年糕，先蹲下来问了他一句："天还挺冷的，你为什么要只穿衬衣？"

年糕有点放松下来，拉着我进他房间，拿出我前一天晚上刚陪他看过的绘本翻啊翻，然后说："妈妈，你看这辆蓝色小火车，我今天就要当这辆小火车！"

原来如此。

"你不是最喜欢过圣诞节吗，那你知不知道这辆小火车有个圣诞特别版？"我说，"就是穿红色毛衣的特别版哟！"

听我这么说，他顿时迫不及待地想要穿红毛衣了。

奶奶担心孩子会感冒急着要给他穿衣服，这本来没错，但是她陷在"我要给你穿上衣服"的成人思路里，理解不了孩子选择穿什么衣服会有的特别孩子气的理由。

而我所做的，只是在让孩子听话之前，先听听孩子的话。

还有一个例子。

年糕 4 岁时，独立吃饭的能力已经很好了，有一次却不小心掉了一勺饭在地上。

糕爸随口问了句："你怎么把饭掉地上了？"

这时候，年糕干了一件特别找打的事情：他又舀了一勺饭，把勺子一斜，饭又掉到地上了。

这下不得了！在糕爸看来，这可不是不小心，而是赤裸裸的挑衅了。他凶道："你怎么回事？这是在浪费食物！"

看到爸爸这么凶，年糕被吓哭了。我走过去先抱住他，问了一句："你干吗要故意把饭倒到地上？"

"爸爸问我怎么把饭掉到地上了，我要示范给他看是这样掉到地上的啊！"年糕抽抽噎噎地说。

糕爸只看到年糕故意将饭弄到地上，却没有细究他这个动作背后的意图。而我，只是平静地给了年糕说话的机会。但是，用这样一个小小的沟通，孩子可以明确地知道，他能把自己的想法说出来，也许有错的部分，但是妈妈听到了，妈妈会帮助他。于是，在年糕跟我说了事情原委后，我告诉了他几件事：

1. 浪费食物是不对的；

2. 爸爸的表达方式不对，但爸爸是希望你知道不应该浪费食物；

3. 饭掉在地上弄脏了，现在我们一起收拾好。

年糕听后，没有再哭，和我一起收拾了地上的饭。

家长如果能尊重孩子，不急着替孩子做决定，同时用孩子能理解的方式对待他，亲子间的冲突很容易就解决了。

这个道理看起来明明挺简单的，可是为什么很多家庭却根本做不到？

尊重孩子，尊重他是独立个体

很多家长会说，孩子还小、孩子根本就不知道对错；或者担心，什么事情都问孩子、都由着他来，这样以后还怎么管教。

就像体能课上的那个妈妈，虽然问了孩子的意见，却并不听取。因为，早在孩子回答之前，她就已经替孩子做了决定。她只是在假装"尊重"。

明明孩子说了真心话，妈妈却堵上耳朵拒绝收听，这样的亲子沟通，五年后、十年后会怎么样呢？

这种沟通之所以会困难，我觉得本质上是因为大家很难承认孩子是一个真正独立的个体，他的想法和意愿真的跟大人完全不同。

真正地尊重孩子，是要将他们看作和我们自己一样，是个享有同等决定权的人。当然，这不意味着孩子可以做任何自己想做的事情，每件事都让孩子自己做决定。但是，让孩子有表达的权利，是尊重的第一步。

给孩子表达的权利，家长需要的是耐心和信任。很多时候，我们都太着急了，唯恐不够严厉，失了威信，将来孩子更难管教。

孩子不肯穿外套，把饭掉到地上，大人的思路很容易滑向"这么难管、不听话，以后怎么办"。

我们急着下定义，急着管教孩子，却不能给孩子留出一点时间，给孩子一点信任，先听听孩子怎么说，这是中国家庭里最常见的育儿僵局。

所以，我建议大家做一个训练：当你发现孩子捣乱、不服管，生气教训的话就要脱口而出的时候，先蹲下来抱着孩子，问问他到底发生了什么。

当亲子关系出现危机时，我们不要把心思放在谁输谁赢上，而要把精力放在解决具体的问题上。当亲子之间有矛盾时，每个人的需求都需要被听到、被尊重。当你太着急教育孩子，把沟通的渠道堵上的时候，你就会一次次错过听孩子怎么说的机会。

趁孩子毫无保留地对你说真心话的时候，让亲子沟通的道路保持畅通吧！等到这条路被堵死，你费再大力气也没有用了。

如何让孩子对你无话不谈

年糕刚上幼儿园那年，有次开家长会，主题是"当孩子之间发生了矛盾、冲突或者推搡时，怎么和他沟通？"

当时现场讨论得很热烈，有位妈妈就讲了她非常担心孩子在幼儿园受欺负，可又不知道怎么办。讲到最后，她情绪有点失控，直接站起来问："谁家孩子弄伤了我女儿？"

这样的反应让大家有点惊讶，底下有人就说："问自己孩子啊，她总知道的。"

结果这位妈妈情绪更激动了："我家孩子不擅长表达，问了好几次她都不肯说！"

这位妈妈的心情大家都能理解：孩子小时候天天和我们在一起，他身上发生了什么，我们都很清楚。可上了幼儿园之后，他就要独立面对很多问题。这个时候我们就免不了要担心：他遇到麻烦能不能解决？受欺负了怎么办？

越担心，就越想追着问清楚；可越追着问，孩子就越是什么都不肯说。

就像年糕刚上幼儿园的时候，我也特别想知道他每天发生了什么。一放学，我就开始各种追问："午饭吃了啥？""今天和谁玩了？""认识了哪些新同学，都叫什么名字呀？"

结果呢？年糕大人通常是啥也不肯说！更别指望他会主动和我们分享了。有一次，幼儿园老师在群里表扬了一些小朋友的手工作品，里面就有年糕的，但他回家后却提都没有提一句。

连得到表扬都不肯和我们分享，我就更担心当他遇到问题时，不会向我们求助了。

用对沟通方式，孩子会主动向你倾吐

虽然我并不想做一个时刻盘旋在孩子头顶的"直升机父母"，但仍希望孩子能够和我们分享他的快乐和烦恼；更希望他能明白，任何时候他的感受都能得到我们的理解和支持。

他的人生还很长，如果现在就已经失去和父母沟通的入口，那么将来遇到挫折、困境、麻烦的时候，又怎么懂得向父母求助呢？

我不相信孩子的"不肯说"，是因为"天生就不会表达"，一定是沟通方式出了问题。

那个时候，幸亏糕爸及时给我"上了一课"。

他没追着年糕问东问西，而是把他拉到一旁悄悄说："现在你来和爸爸分享一个妈妈也不知道的小秘密吧。"

年糕看看他又看看我，突然就凑到爸爸耳边，父子俩一来一回开始聊了！

聊完以后，糕爸还当着年糕的面，特别"得意"地跟我炫耀：

"那我现在比妈妈多知道一个年糕的小秘密啦，这个秘密只有我们知道。"

看到糕爸出这一招，我的理智全回来了。对呀，让一个刚上幼儿园的孩子像成年人一样，表达清楚自己的情绪，还要讲清楚发生了什么事情，要求真的太高了！

用对的方式和孩子沟通特别重要。

于是第二天，年糕回到家，我想问他当天有没有午睡好，就用了一个玩游戏的办法：角色互换。

我对他说："现在我是宝宝，你来做老师，我们要准备午睡了。"

年糕像模像样地走过来，在我的两边脸颊和额头上分别点了一下，然后说："午安。"

我立刻装出睡着的样子。

他又在边上推推我说："不是这样，要先把裤子脱掉，然后藏进被子，我还要先假装闭一会儿眼睛才能睡着呢。"

嗯，小孩，从你的"提醒"里，妈妈可是得到了很多信息哟。

爱的责备，让孩子不敢向你表达他发生了什么

孩子遇到事情不和大人说，除了不会表达，还有一个很重要的原因：家长的情绪给了他很糟糕的信号。

有一次，年糕在路上摔了一跤，爬起来以后的第一句话就是"不要告诉奶奶"。

　　如果奶奶听到他这样说，一定会很伤心吧？毕竟平时照顾他最多的是奶奶，最心疼他的也是奶奶。

　　为什么会这样呢？因为在他的经验里，摔跤会被奶奶责备"怎么这么不小心""看看吧，走路不小心才会摔倒"。

　　虽然奶奶是出于心疼，但在孩子简单的逻辑里，这就是批评他没有做好。

　　于是我认真地对年糕说："奶奶不会骂你，但如果你摔伤了，我们会心疼。"

　　正面表达你的关心，比"爱的责备"更有效果。后来年糕就记住了，走路的时候要注意安全，有时不小心跌倒了也会和我们说。

　　敏感的孩子能轻易捕捉到家长的焦虑，并把这种焦虑归因为"自己做错了事情"。当大人频频给孩子传递出紧张的情绪，孩子就会觉得自己好像做错了很大的事情，从而对发生的事隐而不报。

　　只有在肯定自己身上所发生的事情能够被平静地接受时，孩子才愿意放心地让你知道他发生了什么事。

积极示范，孩子遇到麻烦会主动求助

　　想要更多观察孩子的生活，游戏是最快速有效的方法。但真正有效的沟通，还是要让孩子能够"说出来"，"你想知道的，让孩子自己来告诉你"。对此，我一个朋友的做法很值得参考。

　　她家孩子入园前，全家人郑重其事地开始了一个"聊天时间"。

他们告诉孩子，以后每个周六晚上，全家都要来聊聊本周遇到的开心的或者不开心的事。

一开始大家都没想好要怎么做好这件事，聊天的画风经常会变得稀奇古怪。比如爸爸说："我不开心的事，是前天下班路上看到有只小猫被车撞了。"妈妈说："昨天中午的饭不好吃，我不太开心。"孩子就只会模仿爸爸妈妈，一会儿说自己看到小狗被车撞了，一会儿又说看到小老鼠被车撞了。

坚持了几周之后，他们聊得越来越放松，聊天变成了他们生活里很自然的一部分。

后来有天晚上睡觉前，孩子突然说：今天想和爸爸妈妈聊一聊。

原来，他白天在幼儿园和一个小朋友发生了冲突，被那个小朋友推了一下。他觉得那个小朋友应该向他道歉，但是那个孩子并没有那么做，所以他有点不高兴。

那天晚上，朋友和孩子聊了很久，聊遇到这种事应该怎么办，也说到做错事要不要道歉。

后来朋友很欣慰地和我们说，她现在一点都不担心孩子在外面受到欺负或遇到麻烦会瞒着她。因为她知道，无论什么时候，孩子都会把她当作最信任的朋友。

"有空了，就坐下来聊一聊"，现在成了我们全家人习以为常又非常重视的事。日常工作再忙，我每周也会抽出时间和儿子聊一聊，我们最近有什么想法、他最近生活有什么变化，或者最近对什么电影感兴趣。

有天看到新闻在讲美国大火的事情，我们很自然地就从加州大火聊到了一些相关现状，比如这件事和全球变暖有关系吗？为什么美国每年都会发生大火？甚至美国的大火会对遥远的南极产生怎样的影响？

虽然年糕对这些事情未必能够完全理解，但我们希望他能感受到，世界上每个角落正在发生的事情，都和他有密切的关系。

我现在非常确定，即便年糕将来长大独立，有了自己的圈子和我可能不了解的工作，但我们之间除了"午饭吃了什么""天冷了多穿点"，还会有许许多多聊不完的有趣话题——即便一把年纪了，我在孩子眼里依然是个有趣妈妈，还有什么是比这更棒的呢？

别给孩子贴标签

在我的记忆里，关于小学，很大部分是不大愉快的。

刚上一年级，我就因为活泼好动，得到了一句"从来没见过这么吵的女生"的评价。

那年头的"好孩子"，有着一套标准模板：安静顺从、坐姿端正，连提问都要在老师允许的时候，用标准的姿势举手才可以。

小孩子对来自大人的评价和目光是异常敏感的，但还没等我努力让自己成为那样的"好孩子"，到了三年级，老师又给我扣上了"粗心"的帽子。

有次数学考试前，老师强调："题目都是以前做过的，会做就一定没问题。"

结果成绩出来，全班有二十几个人考了 100 分，而我因为粗心只考了 86 分。

这是我第一次拿到这么差的分数。

拿到卷子的那个午后，窗外聒噪的蝉鸣让教室显得愈加安静，鲜红夺目的分数刺进眼里，我发热的脸颊似乎也要淌出血来，我不知所措地把双手扭来扭去。

数学老师对我说了这样一句话：这个女生是考不到 100 分的。

羞愧、沮丧和没有考好的罪恶感，让我清楚地听到自尊心轰然崩塌的声音。

后来很长一段时间，"考不到 100 分"成了我内心的一个魔咒。只要一考试，我就担心这句话会应验。结果越是担心，就越是考不好。

看到自己的预言应验，"阅人无数"的数学老师更是一次次当着全班同学的面讽刺和挖苦我："聪明有什么用？学奥数有什么用？这么粗心，还不是考不好！"

我一度真的以为，自己就是个粗心的小孩，真的永远拿不到 100 分了。

幸运的是，五年级时，我们班换了一位新的数学老师。了解我的情况之后，他只是很耐心地跟我讲了一句："你这么聪明的小孩子，一定要把题目好好读仔细了。"

在这样的信任和鼓励下，"考不了 100 分"的阴影慢慢淡去，小升初志愿我毫不犹豫地填报了当地最好的中学。

在升学考试中，我终于拿到全班唯一一个 100 分，这件事才算完全翻了篇。

没有人能想到，在这段再平常不过的童年经历里，有个孩子因为大人的几句评价，内心曾掀起滔天风浪。

别让标签限制了你，也别用标签定义孩子

在一段关系中，力量比较强势的一方，对另一方做出了某种认定，

另一方做出的一些行为就会强化强势者的认定。这就是"贴标签"的可怕之处。

但是，对于"贴标签"，有多少人真的对它心怀警惕呢？

"你这么挑食，就是被惯坏了。"

"我们家孩子就是没耐心，做什么事都超不过五分钟。"

"他从小就身体不好，运动能力一定差。"

这些话，我们好像非常轻易地就能对孩子、对别人，也对自己说出口。

就像我有个朋友，孩子刚出生，抱着亲不到十秒，突然发现孩子脑袋顶上有两个旋儿。根据当地老话，脑袋上有双旋儿的孩子，脾气倔，不好养。于是，这个孩子刚出生，就被这个朋友贴上了"脾气倔，不好养"的标签。

在这之后，孩子不喝奶粉、不愿意睡觉、总爱说"不"，都是因为这孩子"脾气倔，不好养"。每次跟我们聊天，她总是抱怨自己命不好，生了个难养的孩子。

尽管我们无数次告诉她，那些只是孩子成长的正常现象，但她还是忍不住把它们归咎于孩子的"脾气倔，不好养"。她被那个标签困住了。

对于给孩子"贴标签"这件事，我格外警惕。年糕小时候一度非常内向。在过去的评价里，内向绝对不是一种好的性格，尤其是对男孩子来说。老人们很为他着急，话里话外忍不住带出这样的评价。更糟糕的是，他们直接把年糕定义为"胆小"。

年糕外公甚至打电话跟我表达他的担心："小孩胆子太小了，担心他受欺负。"我非常不客气地怼了回去："爸，不要再跟我提这个词了，年糕一点都不胆小！"

我和全家人强调，绝对不可以对年糕说"胆小""内向"之类的字眼。不但当着孩子的面不可以说，背着孩子也不可以说。

我知道，光靠语言上的改变还不够，于是和糕爸采取行动，带他去完成一个个挑战、做运动、学知识、交更多的朋友……这些行动，让年糕不断发现自己、肯定自己。现在老人们提起年糕，忍不住有点怀念他以前的安静。

谁能想到，这个吵翻天的小孩，曾经和人说话都要躲起来呢？他完全就像换了一个人！

父母的爱和接纳，让孩子坦然面对被贴标签

老人有时会对我说："你这样对待孩子也太小心翼翼了。"是啊，就算我们自己能避免给孩子"贴标签"，但我们不能阻止外界给孩子"贴标签"。怎么能保护他对自己笃定的判断，而不被他人影响呢？

有一次，我在一本叫《你很特别》的绘本里找到了答案。这本绘本的内容大致是——

一个小村庄里住着一群木头人，他们被称作"微美克人"。他们每天只做一件事：互相贴贴纸。

木质光滑、漆色好的漂亮木头人会被贴上星星，木质粗糙或油漆

脱落的就会被贴灰点。

除此之外，做好一件事也能得到一颗星星，但一件事做不好就会被贴一个灰点。

得到星星的木头人很高兴，就会想再做点什么，再多得一颗星星；但被贴了很多灰点的木头人，也总是被人无缘无故地跑来再多贴一个灰点。

因为在大家看来，一旦被贴了灰点，那么"他本来就该被贴很多灰点的"。

胖哥就是这样一个被贴满灰点的木头人，因为身上灰点太多，他都不想出门了。

可是有一天，他遇到了一个特别的木头人露西亚，无论是代表赞扬的星星，还是代表否定的灰点，都贴不到露西亚的身上。

胖哥很羡慕露西亚，他心里想：我就是想这样，我不想要任何记号。

在露西亚的指引下，胖哥找到了创造者伊莱。

伊莱告诉胖哥，他不必在乎任何人的评价和看法——无论是星星代表的称赞，还是灰点代表的否定。他们怎么想并不重要，重要的是，在伊莱的眼里他很特别。

胖哥应该相信的是伊莱无限的爱与接纳，这比在意别人的看法更重要。

在故事的最后，当胖哥开始相信伊莱，相信自己是特别的时，他身上的灰点就纷纷掉了下来。

"无论是优点还是缺点，我的孩子都是独一无二的，我的爱和接纳可以给他保持自我的勇气。"这是我从伊莱和胖哥身上，更是从过往经历里学会的道理。

——虽然老师一再否定，但我的爸爸一直相信我，即便他当时也受到老师的影响，对我填报志愿的"冒险"心怀忐忑，但他什么都没说，只是在考试前带我出去散心，告诉我不要紧张。

——我们鼓励年糕勇敢挑战，去尝试他不敢做的事情。他完成挑战后收到的每一个"你很勇敢"的鼓励，都让他多生出一份自信。

每个孩子都是特别的，但无论是优点还是缺点，都不应该定义他未来就成为某一种人，更不应该让他们因为别人的评价而影响自己的人生选择。

孩子不需要任何星星或灰点，他只需要爱和接纳，从而成为最特别的自己。

你自以为是的唠叨，
其实会害了孩子

　　年糕快 5 岁的时候，我爸来住了两个月，小孩吃饭的好习惯就全毁了。

　　以前年糕既不挑食，也不会边吃边玩，更别说还要人喂饭。结果我爸一来，他不但吃一口就要跑出去玩一圈，还非要哄着、喂着才肯胡乱塞两口饭。

　　我爸干了啥呢？其实就俩字——唠叨。

唠叨不能让孩子听话，反而引起厌烦

　　每次一到吃饭时，我爸就在年糕身边正襟危坐，开始声情并茂地给他进行"营养科普"。

　　年糕夹起一块鸡肉，他赶紧鼓励："宝宝你要多吃鸡肉哦，吃了鸡肉你的肌肉才有力量哟！""鸡肉帮助你的肌肉长得很好。你明天是不是想拍球拍得更好？那你就得多吃鸡肉哟。"

　　年糕蔬菜吃得少了，他又连忙说："宝宝要多吃青菜哟，青菜有很多维生素，吃了你肚子里的能量小精灵就会特别开心，身体也会很棒的哟！"

　　这些话本身当然没什么问题，我们平时也会这样和年糕说。但问题是，一顿饭如果重复十遍以上对话，谁都受不了！

　　于是，他越唠叨，年糕越不肯吃；年糕越不肯吃，他越要追着唠叨。

　　接下来每天的吃饭时间，我爸就像个劳模一样，总是举着勺子跟在年糕身后劝："宝宝你要多吃肉哦……""多吃青菜，肚子里的能量小精灵才会特别开心哦……"

　　我爸觉得自己话没说错，也都是为了让孩子吃得更好、更营养，自己累点不算啥。

　　可是对这样的"好心"，孩子感受如何呢？

　　有一天，在外公"我们一定要多出来运动""多运动对身体会很好的哦""天黑了就不能出去骑车了，没有大人也不能骑车"的碎碎念中，年糕下楼去骑车。

　　到了楼下，我问年糕等下要爸爸陪还是阿公陪。

　　结果年糕很惆怅地回头看了一眼我们家窗户，幽幽地说了声："阿公太烦了……"

　　扪心自问，如果一直被讲个不停的是我们自己，我们烦不烦？

没完没了的唠叨，往往都是好心办坏事

　　烦还是其次，更要命的是，这种烦、这种"好心"的唠叨会产生一系列坏的影响。

第一个坏影响，就是让妈妈们最恼火的"不听话"。

没完没了的唠叨，会让本来有道理的话变成没有重点的废话，还会不自觉地夹杂许多情绪。

"怎么这么不小心，饭菜都撒到桌子上了，多脏呀。"

"玩具玩好怎么又不收拾呢，丢得满地都是，每次都要妈妈帮你收拾。"

"和你说了多少遍，回到家要先洗手，衣服不要随地乱扔，怎么就是记不住呢！"

这些话，每一个家庭都很熟悉。当大人这么说的时候，是希望孩子好好吃饭、收拾玩具、回家记得洗手。但在孩子耳朵里，就只剩抱怨、责备、威胁以及一大堆毫无用处的唠叨，索性就把耳朵"关"上了。

一个"听不到"妈妈说话的孩子，怎么能指望他"听话"呢？

唠叨的第二个坏影响，就是会毁掉孩子的自律和自信。

很多时候，我们忍不住唠叨是因为不相信孩子能把一件事做好。

孩子想自己倒牛奶，明明是好事一桩，可大人偏要先打击一番："你自己倒会洒出来的，还是妈妈给你倒吧。"

实在拗不过就再多"提醒"几句："要小心一点哦，两只手拿稳了，慢慢地倒。"

就算牛奶洒了，不是可以顺便教他擦桌子吗？可大人非要再批评两句以显示自己料事如神："说了不让你自己倒，看，真的弄洒了吧，以后还听不听妈妈的话了？"

指导意见太多，传递的都是"你做不好"的意思，孩子也就放弃了探索和努力，同时也放弃了听取你的意见。

与其唠叨没完，不如把话说清楚

很多家长总是抱怨"都说一百遍了，怎么还没记住？"这个时候，应该反省的并不是孩子，而是家长，因为家长跟孩子的沟通方式出了问题。

避免一再唠叨，让孩子听话真有这么难吗？只要做到这三点，和孩子把话说清楚其实很容易！

第一点：信息要简单清晰。

要知道，你说得越多，孩子越不知道你想说什么。与其抱怨孩子把房间弄乱了，你忙了一天又要重头收拾，不如简单点告诉孩子："我们现在来把房间收拾干净吧。"玩水也是这样："今天的玩水时间已经结束了。"告诉孩子我们的目的，一句话就够了。

第二点：只说事情本身。

和孩子沟通一件事时，注意力要聚焦在事情本身上。把"战火"蔓延到诸如乱贴标签，或是对孩子性格及其他方面的攻击性话语可就不对啦。比如孩子房间没收拾好，你就告诉他去把房间打扫好，至于唠叨孩子"懒""不体贴""磨磨蹭蹭"这种话，想想还是咽回去吧。

第三点：试试把"说话的权利"交给孩子。

我们可以试着换个思路，把"说话的权利"交给孩子。比如想让孩子进门洗手，可以提醒他："回到家，最先应该做的事情是什么呢？""那我们现在应该怎么做？"

相信孩子，他可能会比我们想象中做得更好。

我爸一回老家，我们立刻开始着手纠正年糕的吃饭习惯。

比起我爸的"兢兢业业"，我们显得"懒"多了。没有催促、唠叨，也没有追着喂饭，我们只是给年糕的盘子里拨一些他要吃的菜，就只管享受和家里人闲聊的这段时间了。

但经常就这样吃着、聊着，再一转头去看年糕，他就已经安安静静吃掉了一大碗饭，根本不需要有人一直在旁边监督。当他确认自己吃饱了，我们也不会一直劝他再吃点。

在其他事情上，我也还是那个原则：把他当作能听懂我们说话的大人一样去看待，要注意的事情郑重强调一次就够了。

遇到有危险的事情，比如在水池边，或者今天要走一条车流量很大的马路，我会特别认真地和他说一次"要注意安全"，而不是时刻把"小心""看着点路"挂在嘴边。

没有了大人过度关心的干扰，年糕慢慢变回了那个独立能干的小朋友。他可以自己认真吃好每一顿饭，会在下楼骑车时谨慎观察周围有没有安全隐患，也知道过马路的时候紧紧拉着大人的手、遵守每一个红绿灯。

少几句唠叨，多一些放手，孩子反而能成长得更独立、更自信！

安全感够了，
孩子的表现就好了

2017 年年底，团队小伙伴策划了一个主题，让我完成一次"糕妈与糕妈"的对话。

这是一场特别的拍摄，没有台词、脚本，导演让我分裂成两个人自由发挥：一个是留在家里照顾孩子的我，一个是在职场里拼命奔跑的我。

两个"我"当时都哭得不能自抑，职场那个我更是一直在说"对不起"。

那段时间，公司进入快速成长期，我每天一睁眼就要面对接连不断的加班、出差、开会。而同时，年糕也在飞快地长大，经历着很多他人生的重要时刻。

别人问了我很多遍的那个问题，我也问了自己很多遍："你总是不在孩子身边，会破坏他的安全感吗？还是个好妈妈吗？"

撕裂了许多次，从纠结到笃定。现在的我，有了一个肯定的答案：陪伴并不是以时间长短来衡量浓度，再忙，我也可以做个好妈妈。

提前告知 + 保持联结，给孩子满满的确定感

面对与孩子暂时分离的情况，要想让孩子情绪稳定、有充分的安全感，家长自己首先要心态良好，不要把和孩子分离想得太过严重。在不得不面对分离时，很多妈妈因为怕孩子哭，就会趁他不注意偷偷溜走，或者骗他马上就回来。殊不知，偷偷溜走、胡乱许诺只会更加伤害孩子的安全感。甚至，面对分离，有些妈妈比孩子哭得更崩溃，这更会让孩子对分离感到焦虑。

情绪是会传染的，孩子的安全感主要来自家长。当家长提前告知孩子自己要去哪儿，再平静而坚决地和他告别，同时，如果向他承诺了什么时候回来，就一定要做到，如此孩子对于分离或许就不会那么焦虑。

当年糕开始理解"妈妈要去出差几天"这件事时，他突然有了许多小情绪：突然开始黏着我不放、莫名其妙地撒娇或者发脾气，晚上也要哄很久才能入睡。

我知道，他是在害怕妈妈"突然不见了"。

其实，伤害孩子安全感的，并不是和妈妈某段时间的分离，而是和妈妈之间联结的突然中断，"不知道妈妈什么时候回来"的不确定性，这些会让孩子产生极大的焦虑。

要消除孩子的不安，就要保持亲子联结的不中断。

所以每次出门，我都会提前做准备，告诉年糕我的出行时间和行程表，每天在哪里、在做什么；出门后，即便不在他身边，我也可以

用别的方式来陪伴他。

年糕小时候，我出门前会给他录音频；大一点了，我就让他每天到指定的地方找一个"礼物"：厨房的第几层柜子；某个电饭锅里藏着一本书，书上贴着我们的"暗号"。

找到指定的"礼物"，他就能看到我的留言：宝贝，妈妈今天在北京，在做什么什么事……

再比如我的一个朋友，每次出门前，她都会提前给儿子准备很多小字条，让老公每天读一张给孩子听。

这些小小的举动，会让孩子觉得：虽然妈妈很忙，但也很想我。

比起视频电话，这些看似古老的方式有着一种很有价值的仪式感，让孩子觉得：这是妈妈特地留下来的"爱的证据"，这是属于我一个人的，妈妈一直在想着我呢！

这一段音频、一张字条带给孩子的，是满满的确定感。

跟孩子聊聊你的工作，他会理解并坦然面对分离

2018年，我比前一年更忙了。

有段时间，因为连着几天没来得及赶回家陪年糕吃晚饭，他有点生气。于是有一天晚上，我特意推掉了所有的会议和工作，和年糕像成年人那样认真地谈了一次话。

我们谈的主题是：为什么我比别人的妈妈都要忙？

我先给年糕看了一张照片，那是一个贫困山区的小姑娘。

　　我告诉他："这个小姑娘叫云云，她妈妈生病了，她爸爸长期在外地打工。云云很爱看书，她最喜欢的一本书是大熊爸爸的故事。她希望爸爸能抱抱她、陪陪她，可是快过年了，她的爸爸也不一定能回家。妈妈最近很忙，就是为了给云云这样的孩子去送书，陪她看看书，抱抱她。我们还给她送了一个大熊爸爸呢，她可开心了。"

　　我还告诉年糕，像这样的事情，我还做了很多，每一件事，都会帮到很多的妈妈和孩子。

　　"但无论妈妈多忙，你都是我最重要的一部分。就像现在，我本来应该在开会，等一下我也还是要回去工作。可是，只要有可能，我一定会优先回来陪你，因为你在妈妈心中最重要。"

　　这是我酝酿许久的、和儿子最郑重的一场谈话。

　　我像和好朋友聊天一样，和他分享着我的工作、我的努力、我的苦恼和开心，希望他能像好朋友一样理解我、支持我。

　　我不知道这一番话，5岁的年糕能理解多少。在我满心忐忑的时候，年糕想了一下，对我说："妈妈你蹲下来。"

　　然后，他过来抱了抱我、笑了笑，蹦蹦跳跳跑开了。

　　那一刻，我突然觉得我和年糕一起成长了。

　　归根结底，父母的爱，才是孩子安全感的坚实后盾。当这份爱足够多，我们在和孩子分离时，孩子才不会因为缺失爱而心生焦虑。这就好比我们的银行账户，只有余额充足，我们在需要的时候才能随意支取。我们和孩子的关系就像这情感账户，只有用满满的爱保证"情感账户"余额充足，才能让孩子不惧分离，拥有踏实的安全感。

比如有时候，我接连几天不在家，就会早早为回去后的陪伴做安排。在陪伴年糕时，我会全情投入，陪他去一些他之前想去的地方，做一些他想做的事情。我甚至会要求糕爸也来配合，让孩子充分感受到我对陪伴他的重视，从而将之前分离而消耗的"情感余额"及时补足。往情感账户充值的过程，就是对之前消耗的弥补，存得越多、归还得越及时，"信用额度"才会越高，和孩子的关系也会越来越好。所以，一个聪明的妈妈，一定要及时找补。

我们不可能时时刻刻、寸步不离地陪伴孩子，与其在不能陪伴孩子的愧疚中折腾自己，担心孩子离开自己没有安全感，不如给孩子充足的爱，让他知道，即使我们不在他身边，没有伴其左右，但我们的爱从未缺席。

工具篇
如何处理分离焦虑

分离焦虑流程 + 游戏力

妈妈重返职场，孩子将要入园，都意味着家长将要面临一个重大挑战——分离焦虑。

面对分别时孩子的哭闹，很多家长的做法通常是这样——

1. 悄悄溜走。这大概是最常用的，趁着空当将哭闹的孩子塞给带孩子的老人，妈妈找机会立刻闪人。

2. 用礼物"贿赂"。告诉孩子一会儿下班就给他买个小蛋糕，让他别哭了。

3. 讲大道理，暗中给孩子"施压"。"不上班怎么给你买玩具呢？""不赚钱怎么养你？"

但这些暂时转移注意力或者强迫接受的方式，并不能让孩子真正理解分离是暂时的，自己是安全的。由此产生的长时间焦虑，不但会影响孩子的安全感，也会引起他生理上的应激反应，在一定程度上影响免疫力。

有篇文章说，幼儿一生中最大的"分离焦虑"是在幼儿园产生的。对幼儿来说，和父母分离是一次重大挑战，也是他必然要经历的第一次"心理断乳期"。

处理孩子的分离焦虑，让孩子获得情绪支持，最简单明确、最有效，且比较通用的方法是"三步法"。

第一步，无论多难，都一定要和孩子正式告别。

"妈妈／爸爸不会突然失踪"，对孩子来说是更安心的感受。

第二步，试着说出孩子的感受。

比如，"我知道你现在有点难受，但妈妈有自己的工作要做，我会在下午六点钟准时回家"。

第三步，"遵守诺言"，准点回家，陪伴孩子。

对于分离焦虑比较严重的孩子，我们推荐采用"游戏"的方式来解决。

游戏力育儿创始人、美国的科恩博士有个案例：有个男孩上幼儿园之后出现严重的分离焦虑，会在幼儿园哭一个上午。他妈妈就用了一个办法来应对：在家玩"上学游戏"。

准备：乐高或积木

时间：15 分钟

过程：

1. 妈妈先陪宝宝用乐高或积木搭出一个"家"。

2. 找两个人物玩偶，妈妈拿一个，宝宝拿一个。

3. 妈妈和宝宝用玩具道具在积木或乐高搭出来的"家"里，扮演真实生活中的角色。在游戏中，妈妈扮演的角色要跟宝宝扮演的角色说再见。

4. 在游戏中妈妈引导孩子说："妈妈，我不要你走！"

5. 妈妈先安抚、认同宝宝的情绪，也可以拿着手里的玩具小人儿，跟宝宝手里的玩具小人儿模拟再见。

6. 妈妈要用一个大大的拥抱来结束告别仪式。拥抱完以后，妈妈就要真的离开噢，千万别感到舍不得又回去，这样只会加深宝宝的困惑。

在游戏过程中，孩子会慢慢找到"和妈妈在一起""和妈妈分开"之间，也就是我们所说的联结、独立之间的平衡点。经过几次这样的游戏之后，孩子将会渐渐适应幼儿园的生活。

这就是一个通过游戏的方式充分满足孩子联结需求的经典案例。

帮孩子完成"心理断奶"，最重要的还是平时给予孩子充分的情感关注，在他需要时及时、积极地给予回应。平时"情感账户"充足，才能在面临暂时欠费时有充足的消费额度。

PART

03

让孩子主动合作

告别吼叫，

说好了玩五分钟就睡觉，时间到了，小家伙就开始耍赖，"再玩五分钟嘛"。

　　一地的玩具不肯自己收拾，被没收后，这娃又开始哭闹不止。

　　出门去商场，看见什么都想要，不给买，熊孩子就哭闹、躺地上打滚。

　　……………

　　养孩子本来是人生中最美妙的事，可就是这些"不听话"的瞬间，能即刻引燃妈妈们的怒火。

　　可是每次的又吼又叫，并不能换来孩子的合作。家长除了更加自责，还陷入了一次又一次亲子矛盾愈演愈烈的烂摊子……

　　这样的循环能停止吗？我们还有什么出路？

　　在这一章，我会跟大家分享很多让孩子与家长合作的办法。你会发现孩子今天的吼叫哭闹和各种不听话现场，看似鸡飞狗跳，可当你把眼光放远时，就会发现，这些背后蕴藏着伴随我们和孩子一生最珍贵的东西。

孩子为什么不听你的话

有次周末，我带年糕去商场，看到这样一个画面：一个四五岁的小男孩，在互动体验区很投入地玩积木。这时他妈妈过来叫他走，他不肯，几番拉锯战之后，妈妈直接走了，他只好跟着走。我以为这场拉锯战就此结束，结果小家伙突然来了一句："我再玩一分钟嘛！就一分钟！"本来坚决要走的妈妈，这时突然又同意了。然后她走去别的区域逛，爸爸则留下来，看着接着回去玩积木的孩子。

一分钟过去了，五分钟过去了，爸爸终于耐不住性子站起来："时间到了，快走了！"

"妈妈说让我再玩一分钟！"

"你已经玩了一分钟了。"

"我再玩一分钟，哦不，三分钟嘛！"

"那你快点。"

一番讨价还价之后，爸爸又坐回去了。

又五分钟过去了，爸爸站了起来："走了，妈妈不等我们了！"

"我再玩三分钟、哦不，十分钟嘛！"

"好吧好吧，那你快点！"

爸爸再次坐回去了……

因为有事离开，我没看到之后这对父母用了什么方法让孩子离开。

但可以预料的是，最终很可能少不了孩子的一番哭闹。

这对父母看起来很宽容、很有耐心，其实犯了教养的大忌：没有原则，说到不做到。正是因为对约定一再妥协，孩子才会越来越不遵守规则。

当很多家长，特别是老人，在抱怨孩子"讲的话根本不听"的时候，真的应该反思一下：是不是自己的一再让步，才换来了孩子的得寸进尺？

千万不要觉得让让孩子只是小事，小时候没有被约束的孩子，将来也很难成为一个能约束自己的人。

给孩子立规矩，无论是对父母，还是对孩子，都是一件非常重要的事情。

花时间训练，让孩子理解规则

孩子有了活动能力但还不太利索的时候，最让家长们头疼。因为这个阶段的孩子没有任何危险意识和自我保护能力，敢于挑战一切能挑战的事情。

就像年糕，自从具备移动自己的能力之后，我们就开始教他：从床上或者沙发上下来时，要先用脚落地。一开始，他很顺从，每次下地，都小心谨慎地用小短腿努力去够地面，可爱极了，也很安全。

可是很快，他就想着换个下地的方式：头朝下好像也不错啊，我来试试吧！

　　这时，大人火急火燎地冲上去说"哎呀，太危险了，宝宝这样不可以啊"，他是根本不听的。

　　对于还不能理解"危险"的孩子，这样的强调显然没什么意义。因此，每当年糕挑战这个危险动作的时候，我就把他带进房间，放到床上。房间里没什么可玩的，他一到床上就想下来。我坐在旁边，抓住他的胳膊，一字一句地说："用你的脚下来，不能用头先下来。"

　　他还是一心只想往下冲。

　　"用你的脚下来，不能用头先下来。用头下来的话，你会受伤，你受伤了，妈妈会伤心，你知道吗？"听到妈妈会伤心，他安静了一点。我又重复了一遍那句话，他按照我的要求做了后，我们一起出了房间。

　　之后的两天，他再做这个危险动作时，我就重复"将他带到房间，不准出去，听妈妈讲安全守则"这一系列动作。我说的那些话，他未必真正听懂、听进去，但是"用头下来就会失去玩的自由"这件事，他肯定已经清楚了。

　　之后，他就不再尝试着用头先下来的危险动作了。

对自己的行为负责，让孩子懂得遵守规则

　　把饭菜扔到地上，几乎是每个孩子都爱干的事情。

　　年糕还小的时候，也经常一边把勺子扔在地上，一边兴高采烈地

观察。我知道，他是通过这个过程来探索"扔"这件事情，同时学习"因果关系"。我没有过多地干预他，只是在捡起勺子的时候会说："勺子是用来吃饭的，不是用来扔在地上的。"

终于有一天，他探索够了，不扔了。

不过，养孩子这事儿就是个轮回。

年糕慢慢长大了，学会了自己吃饭，也早就明白"扔"是怎么回事。这时他开始扔勺子、扔不想吃的菜，一边扔，还一边挑衅地看着我笑。

第一次，我就默默地将勺子捡起来，擦干净，还给他。

两次、三次后，我也不动怒。等他吃好了，下餐椅，我告诉他："把刚才你扔的东西捡起来。"

从没做过这些的年糕听到这个命令很迟疑，我再次坚定地对他说："把你扔在地上的饭菜捡起来，扔到垃圾桶里去。"

"奶奶捡。"他开始求助，眼睛还盯着自己想玩的小汽车。

"不是奶奶扔的，奶奶不捡。把地上弄干净了，你才可以去玩。"

我蹲下来，挡在他前面。年糕看了看我，走过去捡起一块菜，扔进另一边的垃圾桶，这样往返三次，终于把他扔到地板上的菜都捡起来扔进了垃圾桶。

这时，我才对他说："好了，洗干净手，去玩汽车吧。"

养育孩子是有方法的，用对了方法自然就能事半功倍。教导孩子遵守规则，最无能的家长才会用发脾气和打骂孩子的方法，和善而坚定的家长则通过让孩子对自己的行为负责来达到目的。比如，做危险动作，他就会被限制玩耍的自由；乱扔东西，他就要自己捡起来扔进垃圾桶。

也许有些家长会说，这个方法在孩子还小、还好管的时候，可能比较管用；等孩子五六岁，甚至更大的时候，这么做还有用吗？其实我反而觉得，当我们一开始就把规则种在孩子心里时，他越大，会越懂得遵守规则。年糕就是这样的孩子。

还有的家长会说："我试了啊，一两次有用，时间长了，孩子就忘记了。"

养成一个好习惯，成年人尚且需要不断地被提点、实践、重复，更何况孩子。孩子忘记了规则，家长可以提醒，重复次数多了，他自然就会记住。

给孩子立规矩，让孩子遵守规则，任何时候开始都不嫌晚，重复多少次都不嫌多。家长的职责，本来就是帮助孩子长成一个更好的样子呀！

立规矩不是为了惩罚孩子

有一天朋友给我讲了这样一件事：在路边看到一个 4 岁左右的小女孩嚷嚷着说自己口渴，要喝水，可站在她身旁的妈妈却只是冷冷地回了句："现在知道口渴了？没有水，给我渴着！"

这时候小女孩已经急哭了，可妈妈继续不为所动地对她说："这就是你刚才让我买棒棒糖吃的代价。记住，自己做了什么选择，就要对自己的选择负责。"

听完妈妈教训小女孩的全过程，朋友才搞清楚了事情的前因后果：刚才母女俩到超市买水，小女孩却吵着要买棒棒糖。妈妈告诉她：水和棒棒糖只能买一样，买了棒棒糖就没钱买水。妈妈现在不给小女孩水喝，就是为了惩罚她刚才要买棒棒糖。

惩罚并不能让孩子学会负责

通过惩罚让孩子吸取教训，看似很有原则，其实做错了。让孩子学会对自己的选择负责，这位妈妈的做法在生活中并不少见。

让孩子对自己的行为负责，最重要的前提是应该用孩子能够理解的话语和逻辑去跟他说清楚。就像这个妈妈，对一个 4 岁的孩子说"自己做了什么选择，就要对自己的选择负责"，让她理解其中的因果逻辑，是不是要求太高了呢？

　　和很多家长一样，这个妈妈没搞清楚：学会承担责任，对孩子来说是个成长过程；更重要的是，我们不能错把惩罚等同于教孩子负责的手段。

　　为了惩罚孩子吃糖，就不给她喝水，除了让孩子感到难受、害怕，我想不出来有任何好处。

　　很多人可能觉得：孩子吃糖是对身体不好，妈妈让她长长记性有什么不对？

　　我能理解这个妈妈让孩子对自己的行为负责的急切心理，可是这样的办法、这样的说理方式，其实达不到她的教育目的。

　　作为一个孩子，想吃糖是她的天性，并没有错！相比之下，这个妈妈想教孩子负责是真的，但挖了个坑让孩子跳也是真的。

　　爸爸妈妈们一定要明白：教孩子负责和惩罚孩子是两回事。

　　不想让孩子吃糖，有一千种更有效的办法。但惩罚只能带给孩子负面感受，就像那个情绪崩溃的小女孩，她在当时最强烈的感受，可能就是妈妈很凶，自己很渴、很难受。下次再路过超市，她可能真的不会再要棒棒糖了，但这并不是因为她理解了"责任"，而是因为心理的恐惧和身体的痛苦，让她对这件事产生了深刻的阴影。

　　当孩子还小的时候，这种方法可能还会奏效；但随着孩子的长大，这种方法越来越没效果，孩子会越来越不在乎，变得越来越难以管教。

　　因为痛苦让孩子觉得：我已经付出了代价，这就很公平了。

　　用惩罚代替教育，孩子记住的永远只是惩罚。

家长怎么做，孩子才能学会负责

任何教育方式，都不应该以限制孩子当前的生理需求为前提。

渴了不让喝水、饿了不让吃饭、困了不让睡觉，这种让"长记性"的方法，都是头痛医头、脚痛医脚，根本不会让孩子理解自己错在哪里。

想教孩子负责任，就要让他明白：责任是什么，怎么做才是负责。

比如我们周末带年糕出去吃饭，他要是把餐厅地板弄脏了，我就会要求他自己清理干净。一开始他不肯去做，我就让他在旁边看着我是怎么收拾的，然后告诉他："因为我是你的妈妈，我要对你负责，所以你把它弄脏了，我得帮你收拾，但是我更希望你能对自己负责。"

年糕很喜欢吃口香糖，我们就和他约定晚饭后可以吃。有的时候他白天想吃，我就会先说清楚："一天只能吃一颗，你确定要现在吃吗？"虽然一开始他还不是很理解，会说"我确定现在就要"，但是这颗吃完了之后，不管他怎么耍赖，我们都不会妥协，这就是作为家长帮他理解负责的方式。

还有个妈妈问我，她希望孩子能每天自己收拾玩具，但是用了各种方法都没有效果，该怎么办。

想让孩子"自己收拾玩具"，其实也是希望他能对自己负责。

我告诉她：造成这些的原因可能是他没有感受到不收拾玩具的后果，他知道反正最后妈妈总会帮他收拾的，甚至他根本就没觉得这是他的责任。

　　然后我给她讲了一个故事：一位美国妈妈有好几个孩子，每个孩子的玩具都很多，可没人愿意自己收拾。她就想了个办法，用一个大吊笼做了个"玩具监狱"。每天孩子睡下后，没有收起来的玩具就会被关进这个监狱，一个星期不能再玩。

　　我建议她参考一下这种做法，尝试从结果上来约束孩子。同时我还提醒她，如果孩子因此哭闹，她可以用别的方法安慰孩子，比如陪他玩、给他看别的书或者玩别的玩具。千万不要孩子一哭就心软，或者变本加厉地指责嘲笑。

　　我们要做的，只是让他理解：我要自己收拾好玩具，不然明天就不能玩了。

　　在教会孩子负责上，我们要做的，就是用行动让孩子看到责任，用坚持帮他理解不负责的后果，用结果形成约束力。

　　既要有和善的态度，又要有坚定的引导，这不也是育儿的本质吗?

别嫌孩子烦你，
其实是你在烦孩子

"每天回到家，满地是玩具，到处堆满了绘本，耳边是娃一刻不停的'妈妈''妈妈''妈妈'……"

"想在家看几页书、学会儿英语、敷个面膜？不存在的，属于自己的只有上厕所那几分钟！"

"你以为上厕所就清净了？小孩会趴在门上喊：'妈妈，你拉完屎了吗？'"

这些来自妈妈们的真实吐槽，表达的都是同样的烦恼：只要和孩子在一起，大人的世界就会被无休止地消耗，连喘口气的时间都没有！

所以，"没有自己的时间"就成为妈妈们改善生活质量的一道坎，但妈妈们有没有想过这种可能性：和孩子同时在家，但是互不干扰地各玩各的？

"共享空间"实验

我有个朋友老杨，他酷爱读书，对个人空间的要求很高，但是有了娃以后，他家也彻底沦陷了，没有一刻安静。为了解决这个问题，他做了一个实验。

老杨有一所自己的幼儿园，他开辟了一间教室，招募了十个家长做志愿者，每个周末用两个小时做起了"共享空间"实验。

一开始，他只是划出区域来，简单粗暴地把父母和孩子分开，让他们各玩各的。

结果可想而知，孩子总是不断地来找大人陪。

接着，他开始寻求解决办法，试了很多种不同的方案，比如让家长给孩子讲故事，让孩子玩自己最想玩的，找个主题活动大人孩子一起玩，等等。

最后，他发现，最有效的办法，就是先跟孩子做好约定，在规定的时间内，家长用孩子认可的方式给予其充分陪伴。

首先强制每位家长先高质量地陪伴孩子 30 分钟。

在这 30 分钟里，家长要拿出开会的态度，放下手机，且手机必须调成静音，专心听孩子说的每句话，认真回答孩子的每个问题，站在平等的角度跟孩子沟通。尽量做到不教育、不批评、不刻意……

这个阶段，家长要做的就是尽情满足孩子的需求，所以判断这30 分钟的陪伴是否达标的标准很简单——家长和孩子是不是都感到开心和满足。只有家长开心或者只有孩子开心的陪伴，其实都是打了折扣的。放下一切投入孩子的游戏，是家长最该学习的部分。

在得到家长的充分陪伴后，孩子一般来说就想干点别的，家长不用担心自己会被套牢。这时候，家长只需要保障这个空间是安全的，就可以做自己想做的事情了。

"共享空间"的道理其实很简单，就是要弄清楚孩子缠着大人究竟想得到什么。

孩子想要的，无非是陪伴和关注。他一直缠着大人，就是因为他的需求一直没得到满足。

想想我们在家时熟悉的场景，孩子想找你玩，你说"妈妈在忙，要做饭、洗衣服、工作，你自己玩一会儿"，但孩子就是要黏着你，然后你越忙越烦，开始吼孩子，最后双方都不愉快。

这就像你把蛋糕放在孩子看得到的地方，却一直让他先去喝水。正确的办法应该是，先让他吃到蛋糕，然后他自己就会去喝水了。只有先满足了孩子，孩子才有可能满足你，这其实是一种互相尊重的默契。

把玩的自由还给孩子，营造共享空间

先好好陪孩子，然后各玩各的，看起来是不是很美好，皆大欢喜?

可现实是，往往这个时候，家长总想看看孩子在干吗，会忍不住指手画脚。比如，孩子正在玩积木，家长却拿着拼图对孩子说："积木有什么意思，这个更好玩!"孩子兴致盎然地在涂鸦，家长却要强行干涉："应该这样画，不应该那样……"

所以，真相是，我们总觉得自己的时间和空间被孩子"霸占"，但真正霸占空间的，是家长。

想想你在家里是不是这样?

当孩子在认真做一个手工作品的时候，粗暴地打断他："宝宝，该听英语儿歌了。"

孩子在画画，总有人不断喊："要不要喝水？""头抬高一点！""别把衣服弄脏了！"

家长这么做，最大的错误就是不尊重孩子玩的自由。所以，当你在家想要工作的时候，孩子跑过来要求你陪他玩，就是从你的行为里学习来的。这时候你抱怨他不懂事，并且拒绝他，他的愤怒、哭闹也是从你的行为里学习来的。

正是因为你破坏了孩子的规则，所以他才会不断地去破坏你的规则。

其实，儿童心理学家科恩博士在《游戏力》里早就讲过这个道理：如果大人在游戏区里更多地配合孩子，遵守孩子的规则，孩子也能学会在日常生活里更多地配合大人，遵守大人的规则。

原来，把玩的自由还给孩子，不干涉，才是家长最难做到的部分。

给予孩子关注和自由，获得共享空间

从"共享空间"实验的结论再回到我们开头的问题：家长如何在家里拥有自己的时间和空间？答案很简单，先满足孩子，然后不去打扰他。

经过这两项训练，参加过老杨实验的家长们几乎都可以在家里复制"共享空间"，得到了梦寐以求的"各干各的事"的家庭氛围。

作为游戏育儿的粉丝，我一直相信：不管你有多忙、有多少事情要做，先放下焦虑，专注地陪孩子玩一会儿，是解决一切问题的良药。

所以，我的建议更简单一些：每个家长都应该为孩子预留"游戏时间"。游戏时间的原则很简单，在这段时间里，完全由孩子主导，大人放下手机，不要想买菜、做饭的那些事情，专注于陪伴孩子玩游戏，不管是比赛跑步、玩打仗游戏，还是拼乐高，玩就对了。

游戏时间只要每天都有，哪怕只有 5 ~ 10 分钟，也会是非常有效的。家长越是不想花这点时间，后面需要消耗的精力就会越多，这就是典型的"磨刀不误砍柴工"啊！

以我自己的经历为例，如果晚上 8 点我需要在家开一个电话会议，那么我一定会在晚饭后认真地陪年糕玩他喜欢的游戏，然后在 7 点 55 分告诉他："现在把妈妈变成工作的怪物吧！"他就会大笑着送我去书房工作。

在家长高质量的陪伴后，孩子获得了充分的关注，因而在情感上是满足的，而当他被赋予玩的自由时，他在精神上也是自由的。因此，家长真的不用担心孩子会一直黏着自己，可以安心地和他共享空间，互不相扰。

分房睡，
孩子走向独立的第一步

在孩子独立的道路上，聪明的父母都懂得重要时刻"狠心"一点。所以在分房这件事上，我扮演了一个硬心肠的妈妈——年糕 3 岁半，我就"迫不及待"地让他搬到了自己的房间。

什么时候与孩子分房睡最合适

在面对与孩子分房睡的问题时，很多妈妈纠结犹豫的是对孩子的影响：早了，会不会伤害孩子的安全感？晚了，会不会影响他的独立性？

我是这么考虑的：如果陪睡这件事影响到了你和家人的生活质量，而且你打算生二胎，那么能分、有条件分，最好是分；但是，如果你还不想和孩子分开，陪睡对你和家人的生活影响不大，那么分房可以等到孩子上小学前再推进。

对于分房，比起时间的早晚，父母更应该考虑的是，随着孩子身体和认知的发育，他和父母（尤其是和异性父母）一起睡是不是还合适。而且，随着孩子长大，他也会开始渴望有个属于自己的空间。如果家里没有多余的房间，而你又想给孩子分房，不妨先给孩子一张小床、一个帘子，让他有一点点拥有独立空间的感觉。当他在黏着你和独立之间犹豫时，适当地推一把，能有助于培养他的独立性。你要相信，像你一样，孩子有时候也需要一点个人空间，一点自己生活的留白。

对我来说，在做出与孩子分房睡这个决定时，我只考虑了一个简单的问题：这件事，能不能让全家人变得更好？

因为我相信，无论孩子的安全感还是独立性，起作用的都不只是某一件事。家人更好的状态、更积极的氛围、更从容的生活节奏，比鸡飞狗跳地满足孩子某项需求更有价值。

更重要的是，分房本来就是亲子关系的一次阶段考试，你对孩子的爱和耐心能打几分，分房的过程就能让你看到答案。

步步为营，赢得分房的挑战

虽然分房的想法很坚决，但实施起来却要很慎重，我们为这件事就足足提前准备了半年。为了让孩子一步步学会独立，又不伤害他的安全感，事缓则圆。

单独的房间、精心的布置还远远不够，更重要的是赋予它"独立"的意义，让孩子明白：他已经长大了，可以实现自己的独立意志。

所以第一步，我们把布置房间的主动权交给了年糕：从窗帘，床品的颜色、款式到家具的摆放，一切都按他的喜好来。

同时，全家人配合以强大的心理攻势，平时总带他在那个房间里玩游戏、讲故事；每次路过的时候，都要说："这是年糕的房间呀，看起来很棒！"慢慢地，年糕就接受并喜欢上自己的房间了。

第二步，通过绘本或动画片去说服孩子认同，我们选择的是年糕当时最喜欢的《小猪佩奇》。

每次陪年糕看动画片，出现卧室场景时，我们都会特意说："你看，佩奇也没有和爸爸妈妈在一个房间哦，她跟妈妈说完晚安，就在小床上自己睡啦。"看到自己最喜欢的小猪佩奇也不是跟父母在一个房间睡觉，他也开始有点动摇了。

这个方法可以灵活多变，每个家庭都可以选择孩子喜欢的不同绘本或动画片。

第三步，独立日真的到了！

确认年糕对分房已经有了充分的心理准备后，我和糕爸特意选了一个都不加班的日子，提前订了蛋糕、布置了家里，还准备了一张独立日证书。

那天晚上，在全家人的见证下，我们给年糕过了一个隆重的独立日庆祝会，颁发了证书。

这时全家人都化身为戏精："真是太好了！年糕要独立了！""太棒了，我们要睡自己的房间了！""是啊，房间里还有绿色的窗帘呢！"

给年糕洗完澡，送入新房间、讲完故事后，我和他告别，准备关灯。这时，第一个挑战出现了，年糕突然抱着我不放："妈妈，我要睡在妈妈的房间。"

耐心爆棚的我开始循循善诱——

"年糕，你看这个小床是不是你喜欢的？"

"是的。"

"这个窗帘是不是你最喜欢的绿色？"

"是的。"

"你看床单是不是你最喜欢的，绿绿的？"

"是的。"

"佩奇是不是也不和妈妈一起睡？"

"是的。"

"你今天是不是拿到了独立日的证书？"

"是的。"

"你已经长大了，要一个人睡了呀！"

"是的。"

年糕想了又想，半年多的准备这时发挥了作用，他终于自己爬上床安静入睡了。半夜听到他的哭声，我守在他的房间门口耐心等着，过了一会儿，他就又睡着了。

完美的独立日，终于让分房迈出了艰难的第一步。

打败艰难的反复期，需要满满的爱和耐心

半年漫长的准备期，只是万里长征的第一步。分房的新鲜劲儿一过，可怕的反复期就来了。

很多个晚上，陪年糕看完书、给他讲完故事后，我告诉他："妈妈要去洗澡了，宝贝自己乖乖睡噢！"他总是黏黏糊糊、哼哼唧唧地

不让我走，甚至还会把从出生就陪着他的安抚物邦尼兔扔掉。

这个时候，游戏力的高光时刻到了——我拿起小兔浮夸地对年糕说："宝贝，你看，妈妈现在要把爱的魔力全都传给兔兔咯。咦——唵嘛呢叭咪吽——哈！！！它现在是妈妈咯。"

然后我装作小兔，说："年糕，我是小兔，我会陪你睡觉，我现在充满了妈妈爱的力量！"

这个时候，我再对年糕说："你看，现在小兔的耳朵上充满了妈妈的爱，你摸摸看，这个耳朵是不是特别软啊？"

这样，年糕就会很容易接受，自己抱着小兔乖乖躺下睡了。

对孩子来说，游戏是永远不会失效的魔法，而妈妈的爱和耐心更增添了魔法的魔力。在孩子分房睡的反复期，妈妈们可以充分利用这一魔法，让孩子安然度过。而孩子的独立性，也正是在这样一次次小小的反复期里慢慢培养起来的。

分房成功一年后的夏天，我给年糕安排了一次新加坡亲子旅行。

旅行时，我们一家三口几乎 24 小时都黏在一起；旅行归来，一切又要回归常态。其中的落差，年糕一下子接受不了。归来的当天晚上，他的情绪就明显不太好，总是赖在我身边，迟迟不肯回自己的房间。

就在我担心的时候，他突然跑去翻出了去年分房时特意定制的那张独立日证书，很认真地对我说："我是有证书的小朋友，我要自己睡了。妈妈，你去洗澡吧！"

当时我真的非常惊讶：没想到小小的他已经可以自我抚慰、自我鼓励了!

但我更觉得感动：这场漫长又艰难的考试，我和年糕都拿到了满分。

至于我们分房的初衷，当然也完美实现：年糕睡下后，爷爷奶奶可以看看电视，我和糕爸也可以很放松地讨论一点别的事情、交流一下感情。全家人的生活质量都有了很明显的提升，不会再因为年糕的节奏乱了，全家人就都跟着鸡飞狗跳。

全家人的生活规律、个人空间都得到了保证，每个人的状态都越来越好，彼此间的关系也越来越融洽。这种融洽更给了我们迎接小发糕的信心：不用担心要带着两个孩子睡觉；更不用担心发糕出生后，再匆忙把年糕赶到另一个房间对他造成伤害。

分房就像一个好的起点，让孩子和全家人都进入了更好的生活的正循环轨道。

学会花钱，
是孩子的一种重要能力

刚过完 5 岁生日，年糕突然爆发出对"金钱"的极大热情。在他卧室的抽屉里，有他珍藏的各种钱币、"元宝"、捡来的"宝石"，任何亮闪闪的东西都能引起他的兴趣。

凭借有限的知识和生活经验，他开始有了这样模糊的感知：在大人世界里，钱有着神秘的力量。他试图通过自己的方式去感受和理解这种力量。

天下所有的小孩，都会对生活中最奇妙、最神秘的这个东西产生同样的好奇和渴望吧？

我童年时的这种渴望，就藏在街边小店的糖果罐里。

零花钱背后，孩子真正想要的是什么

小时候，我特别羡慕那些可以给自己买零食的小伙伴。可因为没有零花钱，我只能趁着爸爸让我去买酒的时候，偷偷买两颗糖。有时候发现找回的零钱不对，妈妈总要多问一句，爸爸就会说："你管她，小孩子肯定是买零食了呗。"

这样的忐忑不安，让嘴里的糖块也多少有点不是滋味。

后来上学的时候读到三毛的书，发现隔山隔水的，还有一个和我同病相怜的小女孩。

我们一样，没有零花钱，却对拥有许多橡皮筋、玻璃糖纸有小小的虚荣心；我们一样，过年的压岁钱，只能压在枕头底下睡个觉。

谁说小孩子就不需要钱、不需要花钱呢?

三毛因为渴望糖纸、画片，偷偷拿了妈妈五块钱，忍受着"口袋里的五块钱，就如汤里面滚烫的小排骨一样，时时刻刻烫着我的腿"的煎熬；而没有零花钱的我，渴望的其实是"自己有几块钱，可以去买零食"的那种掌控感。

三毛在这篇记录童年的文章里说："我的父母也明理，却忘了我也需要钱，即使做小孩子，在家不愁衣食，走起路来仍期望有几个铜板在口袋里响的。"

这几句话，简直像从我窝了十几年的心里掏出来的。

学会管钱，是孩子的一种重要能力

小时候对金钱的匮乏感，多多少少都会给孩子留下自卑或焦虑的阴影。

所以年糕的金钱观一萌芽，我就想认认真真地给他上好这一课，带他接触钱、认识钱，并且学会管钱。

但现在想要教孩子认识钱，可比以前难太多了——到处都是发达的电子支付，不用出门也能在手机上下单买东西。什么东西值多少钱，花钱、找钱是怎么回事，这些我们小时候帮大人打个酱油就明白的事，现在的孩子想接触却没多少机会。

正好那个春节，我们安排了去新西兰度假。那里人少，服务人员耐心好，现金依然是最重要的支付方式之一，于是我就打算把这次旅行变成让年糕直观感受"钱是怎么回事"的好机会。

飞机一落地，我们就给了年糕一个装有 200 元纽币的钱袋，并且告诉他，这趟行程花钱管钱的事都交给他了，袋子里的钱花完了，我们会往里补充。

年糕郑重地接过了这个任务，一拿到就开始忙着"认识"钱。认识了之后，我们就开始让他从几元、10 元、20 元试着付款。

一开始付款，年糕还要找我们确认："现在是给 10 元吗？""我给 20 元够了吗？"慢慢地，更大数额的支付他也能搞清楚了。

有次要付 120 元纽币，年糕非常谨慎地、一张一张地拿出面值 50 的纽币，数好三张交给收银员，然后耐心等着找钱，一张张数清楚，确认数目正确后，才小心翼翼地收好离开。

三张 50 相加是不是比 120 更大？ 150 与 120 有多少差额？对于一个 5 岁孩子来说，这些是生活中既具挑战又鲜活的问题，也让他更直接地感受到了花钱过程的神奇。

做多少数学题，都不如这样直接，让他更有自信。

更重要的是，小孩从付钱这个过程中获得了最棒的掌控感；有了足够的掌控感，他才会萌生强烈的责任感。给小孩一个钱袋子、一份责任感，整个旅途他都变得非常好带。

从新西兰回来后，我们也养成了随身带现金的习惯。只要有机会，我们就尽可能地用现金支付，并且让年糕一起参与。

学习花钱，也是学习自我管理

有了前面的这些铺垫，我就更有信心让他玩点"大"的了。

过年的时候，我从年糕的压岁钱里抽出 1000 元，告诉他："这些钱你可以自己决定怎么花。"

对于可以自由支配这 1000 元，年糕开心得不得了，也慎重得不得了，小心翼翼地数了好几遍，才藏进了他的"宝藏抽屉"。

为了花好这笔钱，他对数字和价格变得敏感起来，经常会问"这个多少钱，贵不贵"。

有次逛街，年糕看上了一套 500 多元的乐高玩具，我就问他："你可以从 10 张 100 元里拿出 5 张来买，你愿意吗？"

他想想，摇了摇头说："我不愿意。"

你瞧，只要钱是真正属于自己的，小孩其实心里可有数了，他们才不会乱花自己的钱呢。

这种给小孩钱的方法，对于"治疗"小孩出门见啥都想要的坏习惯十分有效。

当然，我给孩子钱是希望他学会"正确地花"，而不是"存着不花"。所以，我也会鼓励他花钱。

有一次，我们在网上搜到一本 DK 的人体百科图书，年糕很喜欢，但问题来了——这本书要 100 元钱。

年糕马上问我："妈妈，你能送我这本书吗？"

我说："等你过生日或特别的日子，妈妈可以把它当礼物送给你，但现在不行，你得等。你自己也有钱，如果你愿意拿出你 10 张钱中的 1 张去买它，那么明天你就可以收到它了。"

他想了想，去抽屉里拿了 100 元给我。第二天收到书的时候，他很高兴地说："这是我花自己的钱买的。"

还有一次，年糕跟我说他的鞋有点紧了，想要新鞋子。在商场里，他找到了一双自己喜欢的鞋，标价 499 元。这时他打从心底里感叹道："好贵啊！"

我一下子就被逗笑了，告诉他："鞋子是生活中每天都需要的，而且你的鞋子也确实小了。这双鞋妈妈给你买，但这是你自己挑的，也是你喜欢的，你就应该好好爱护它。"

其实，按照我的原则，他的 1000 元只是为了添置额外需要的书和玩具，衣食住行这部分本应该是我来负责的。但小孩能因此学会区分什么是生活所需、什么是欲望羁绊，并学会珍惜，是我们教他认识金钱过程中最意外的惊喜。

让孩子有机会花钱，能让他真切地感受到：钱，是有限的；花钱，要先满足基本生活所需，再考虑"想要"的那部分；钱对我们的生活，到底都有些什么意义。

在所有的花钱过程中，最让我感动的一件事是，在新西兰，年糕想给自己喜欢的小女孩买一份礼物——一只小羊纪念品。

我们问他，这份礼物他愿不愿意自己花钱。

他毫不犹豫地同意了。

对此我真是满心欣慰。想想当年我偷偷买零食，在忐忑和纠结中变得在金钱上敏感自卑；再看看现在的年糕，能豁达地让钱发挥它真正的价值——钱作为工具最妙的用处，不就是传递爱，让生活变得更美好吗？

大人越放松，
孩子越合作

"妈妈，我想吃十颗糖。""不行啊，五颗总可以吧？""也不行，那三颗呢？好不好嘛！"

"不要嘛，一集故事还没看完呢。看完这集，我还想再看一集。"

全天下的孩子似乎都一样，天然就会这一招，看动画片、吃零食、买玩具，只要遇到他们喜欢的事情，总是会与家长陷入没完没了的"讨价还价"。家长到底该坚持立场，还是给孩子让个步皆大欢喜呢？这真是让人头疼的事。

但在我们家，这种事情很少发生，年糕在日常生活中一直表现得不错，对玩具、零食从来没有不依不饶地讨要过。

其实回头想想，现在这个自我管理还不错的小孩，当初也没少和我"讨价还价"。

世上没有不爱吃糖的孩子

作为一个在孕期就喜欢看育儿书的人，我很早就知道甜食对孩子的危害，也暗暗下了决心，在孩子吃糖这件事情上一定要从他小时候就把控好。所以，年糕刚刚添加辅食的时候，我就像一个精密的计算器，严格控制着他的糖分摄入：先把蔬菜吃完，才能吃水果；从来不给果汁，也从来不在辅食里加糖；酸奶只买无糖的……并且，我们自己以身作则，在孩子面前从来不吃甜食。

这些我都做到了，但还是低估了一件事，那就是小孩子对吃糖的热情。

年糕3岁那年，有一天突然口齿伶俐地对我说："妈妈，我最喜欢甜的味道。"

我们偶尔带回一点小零食，他也总能在家里的某个角落找到一个从来没见过的包装："妈妈，这是巧克力吗？这一定是巧克力吧！"

我终于认清了一个现实：全世界的孩子都爱吃甜食，我的孩子也不例外。

无论年糕一开始吃的是什么，无论我如何尽力将他隔离在非甜食地带，尝过巧克力以后，年糕对甜食的热情根本挡不住了。

"妈妈，我现在可以吃巧克力吗？""妈妈，我可以再吃一颗吗？"这种要求开始没完没了地出现。

他开始一步步试探大人的底线，想方设法地争取多一点点尝到甜味的机会。

孩子讨价还价完全不好吗

一开始，对年糕的"得寸进尺"我有点生气。可仔细一想，小孩子讨价还价，真的就完全不好吗？在努力争取多吃一颗糖、一块蛋糕的时候，真正让年糕感到满足并快乐的，到底是什么呢？是掌控感。

对孩子来说，多数的掌控活动并没有明确的目的性，就像讨价还价，就算他们争取到多吃一颗糖、多看半分钟动画片，高兴得手舞足蹈，但这并不是因为那颗糖或是那半分钟动画片，而是因为他们体验到了掌控局面的快乐。

所以，对年糕来说，比多拿一颗糖果、多吃一口蛋糕更感到满足的是，他发现自己可以通过"谈判"，从大人那里获得一点掌控感吧！

为了达成某个目的和大人"讨价还价"，是孩子与外界的联系变强的表现。从最初掌控自我，到掌控外物，再到试图去"掌控"他人，孩子在这个过程中会逐渐成长。

那么我们怎么才能既促成这种成长，又不会因一味地满足孩子而让他变得娇惯任性呢？

我身边有个程序员爸爸，他的做法就很不错。因为班上孩子很多都有电话手表，他家小孩也想要一块。但是买哪款呢？小孩当然想买最好看最贵的，但妈妈觉得买个能通话的就行，于是两人开始了拉锯战。作为一个冷静的程序员，爸爸给小孩指了另外一条路。

爸爸要求小孩自己先去做一份调研报告，统计一下班上同学的电话手表都是哪些品牌、一共有多少种品牌、好朋友们用的又是哪款（因为同品牌的才能互相打电话），然后再和妈妈协商。

最后，当孩子拿着统计结果说"妈妈你再考虑一下，我们可以一起选"的时候，妈妈非常吃惊，虽然知道肯定有人"助攻"，但也对孩子"刮目相看"。

这次全家人的意见很快达成了一致，他们选择了调查评估后最实用的一款。因为得到了父母的尊重，在调研过程中也加深了对电话手表的认知，孩子不再任性地要求买最贵的那款，"手表之争"就这么轻易解决了。

孩子带来的每个挑战，都是一个长大的机会

这位爸爸的做法，给了我很大的启发。

于是对年糕吃甜食这件事，我给全家定了一个原则：不放纵、不严禁。

我规定年糕平时在家不能吃甜品，尤其是正餐时间，要么好好吃饭，要么饿着。但是在家人生日、外出聚餐、跟爸爸妈妈喝下午茶的时候，他可以吃最喜欢的巧克力蛋糕。

我们会愉快地谈论甜品的口味，看他用小勺或者小叉，享受着一个小绅士最快乐的时光。我们约定，这样的甜品日，每周至少会有一次。

这看起来很简单？其实不然，年糕也真有不好好吃饭的时候，这时奶奶会很着急，而我就要坚持原则，既然不好好吃饭，那就饿一顿吧。

原则的制定，最重要的是大家能一起遵守，我从来不允许家人说"你乖乖听话就奖励你一个冰激凌""把这个饭吃了可以吃棒棒糖"之类的话，如果大人平常就这么诱惑孩子，靠给好处、讲条件管教他们，那么孩子很容易反过来跟父母讲条件。

年糕喜欢吃甜食，我尊重他，每周的甜品日也是为了让他好好享

受美食，这是他的权利，而不是我们用来管教他、让他顺从的方法。

　　除了影响身体健康的原则性问题，我甚至开始鼓励孩子讨价还价，并做出适当让步。因为我知道，从讨价还价里获得的某种掌控感，能让孩子更好地进行自我管理。

　　孩子就像大人的一面镜子，对于大人的套路，他们总是学得很快。但我们却常常忽视了孩子其实也有自主意识，讨价还价标志着这种意识的萌芽。

　　讨价还价在某种程度上能够体现孩子与人协作、主动沟通的能力，这种能力也是精英教育中不可或缺的一部分。与其扼杀孩子讨价还价的机会，不如把他们的争取心和谈判气势慢慢引导到正途上去。

　　当孩子能发出自己的声音，获得被认可的机会，他的自信和自尊才会逐渐建立。最重要的是，当孩子面对自己的渴望敢于讨价还价，而不只是唯唯诺诺，就意味着他清楚地知道，无论自己的诉求最终会被父母接纳还是拒绝，他有说出来的权利。

　　从主动提出到能和父母相互协商、达成共识，这不仅意味着父母与孩子之间沟通合作的过程有效，更证明了家庭教育获得了真正的成功。

性教育不会太早，
只会太晚

养育孩子的所有挑战里，家长们最感到尴尬的就是"性教育"。

"为什么大人那里有毛""妈妈为什么屁股会流血"等问题，总能像一枚重磅炸弹般让家长慌了手脚。

虽然现在性教育的观念已经有了很大进步，但无论是周围家长，还是很多相关文章，提到性教育都只是讲几个绘本、强调一下"背心裤衩遮住的地方不能让人碰"就完了。

一到精子、卵子、阴道这些关键信息，家长们就很尴尬了：和孩子说这些，开不了口啊……更别提还要给孩子解释性行为、生育繁衍这些内容。

但生殖器官和耳朵、鼻子一样，不都是人体器官吗？性行为和吃饭、睡觉一样，不都是生理需求吗？

只要有了科学的认知，我们就会发现，无论对孩子，还是对自己，性教育都不是什么难以启齿的事情。

性教育准备：心态要摆正

家长遮遮掩掩、欲说还休的态度，对性教育知识一知半解的掌握，反而会让孩子更感好奇，更易被误导。

所以，在开始给孩子做性教育之前，家长最先要做的是自己在心态上对这件事做好准备。

我的做法是，把"性和生殖系统"作为人体系统的一部分去讲。

不论什么器官，都是人体的一部分。先给孩子讲消化系统是怎么回事、血液循环系统又是什么原理，让他对自己的身体产生兴趣，接下来讲生殖系统就很自然了。

比如在给年糕进行性教育时，我先问他："我们讲过胃、大肠、小肠，你也了解了血液和白细胞，还有你的膀胱是怎么小便的、肾脏是怎么工作的，对吧？"

小家伙很肯定地点点头。这样，我们的话题就可以轻松开始了："但是我还没有给你讲过阴茎、阴囊，对吗？你想了解它们吗？"

这个时候，孩子会觉得"哦，妈妈今天要跟我讲这个了"，从而能够自然地接受。

突破核心内容有套路

要给孩子解释"精子、卵子、阴茎、阴道"这些名词以及生殖的过程，怎么才能既不尴尬，又讲得明白呢？

我的套路是，先从孩子最熟悉的动物开始讲。

我和年糕先复习了一遍受精卵和哺乳动物的知识："动物妈妈有个卵子，爸爸有个精子，它们在一起就会变成受精卵。有的动物在体内完成这个过程，于是宝宝就直接从妈妈肚子里生出来，就像小狗；有的动物在体外完成这个过程，于是宝宝就从受精卵里孵出来，就像小鱼……"

前期做好了铺垫，你才能深入地给孩子讲"人的生殖"。

人的生殖通常表述为"性交"，这两个字之所以看着让人心生尴尬，是因为"性"。

给孩子解释这个问题的时候，我们可以把重点放在生殖原理上，而非性交过程上。

所以这一步，我和年糕先聊的是他最感兴趣的问题：他是从哪里来的。

因为对精子、卵子、受精卵已经有了基本概念，对于这个问题，他很自然地回答道："精子是爸爸的，卵子是妈妈的，我是从妈妈肚子里生出来的。"

"但是，妈妈的肚子里只有卵子，它是怎么变成你的呢？"

不知不觉被"套路"的年糕想了想说："我不知道。"

这时，我就仔细地画了一张子宫的图，告诉他："这是子宫，就是宝宝出生前住的地方。爸爸把精子送到妈妈的身体里，精子在这里和妈妈卵巢生产出来的卵子相遇，卵子就变成了受精卵。"

反复讲了几遍之后，年糕终于表示了认可。

这个时候，我再告诉他："阴茎可以输送精子。你看，它是长长的，可以伸到妈妈的阴道里面，然后就可以把精子送进来。如果阴茎很软，是不是不容易放到妈妈身体里面？所以它要变硬才能够顺利地进入阴道，然后把精子送进去。"

把重点放在生殖原理上去解释人的生殖，对孩子来说，就像了解胃怎么消化食物、血液怎样运输氧气一样。

而且，我还趁机给年糕强化了阴囊和睾丸的信息："这是睾丸，是生产精子的地方，是决定你长大后能不能当爸爸的地方。这里坏了就再也不能修了，所以一定要保护好，如果你感到这里不舒服，一定要说出来。"

这样既讲明白了性是怎么回事，又让孩子懂得了自我保护，是不是一举两得？

家长担心的那些事

都说童言无忌，但家长们难免会担心："给孩子讲这些，他出去和别的小朋友乱说怎么办？"

对于这个担心，我倒觉得这很好。孩子能坦然地和别人聊这件事，说明他对这件事的认知是正常的、客观的。如果他说别人因为这个笑话他了，家长反而应该告诉他，他了解的是正确的东西，没什么可笑的。

现在的孩子比我们当年优秀多了，懂得多的孩子只会让别的孩子更羡慕。

至于有些大人的异样眼光，就随他去吧——如果我们自己不做这件事，难道要等以后让他通过不良渠道来了解吗？

还有的家长问：给 5 岁前的孩子讲性合适吗？会不会让他过早受到性刺激？

合不合适，关键还是看家长有没有做好准备。

毕竟探索身体的秘密、发现男女的不同，就算你不教，孩子也有天然的好奇心。

家长可以先根据孩子的年龄逐步讲解，从认识人体结构、精子、卵子开始，逐步做更深入的尝试。

至于其他的，就等孩子有意愿、有兴趣的时候再进行讲解。最重要的，是要让孩子知道他的困惑都能从父母这里得到解答，而不必自己悄悄去通过一些不当渠道找答案。

我再悄悄分享一个经验：为了让年糕更直观地了解，我和糕爸直接通过自己的身体来展示男女结构的不同。

在很多人看来，这样的做法可能太大胆了。但我们之所以敢这样做，跟家庭氛围有很大关系。

想当年，我可是个亲历解剖课、上过手术台的医学生。在我眼里，我们的身体既不神秘，也不令人羞耻；再加上理工男老公严谨的科学思维的加持，且无时无刻不在给年糕小朋友进行科普，所以无论我们自己还是孩子，都可以非常坦然地面对这件事。

性教育这件事，并不是一天两天就能完成的，还没有开始的家长也不用太焦虑。

性教育这件事并没有什么标准答案，你可以先从一些绘本、图册开始，教孩子认识人体结构；然后随着他长大，再逐步解答他更多的疑问。

用最自然的方式，引导孩子最自然的认知，就是合适的方式。

我们一定要知道，性是正向的、阳光的、健康的，也是孩子未来人生中很重要的一部分。我们这一代人已经错过了最好的启蒙机会，导致很多人到成年都羞于谈性，没有阳光积极的性观念。真心希望我们的下一代在这方面能被教育好。

性对孩子一生至关重要，性教育应该成为每位父母送给孩子的一件珍贵的礼物！

工具篇
家庭惯例表

　　孩子磨蹭是让很多家长感到头疼的事。但在 8 岁前，孩子的磨蹭真有一部分是"天生"的。

　　国外有人做过一个关于儿童时间感知力的实验：用先后两次响铃的声音，向不同年龄组的孩子呈现一段时间的开始和终止，然后要求孩子用按铃的方式重复相同的时间。

　　从结果得出，孩子对于时间长短的估算误差极大，对于他们而言，一分钟和五分钟没什么差别。

　　孩子年龄越小，对时间的感知越弱。要解决孩子的磨蹭，我们可以通过一些感官的引导方式，让孩子通过视觉、听觉来感知时间。

　　最直接有效的办法，就是日常惯例表。

　　什么是日常惯例表?

　　简单来说，就是把孩子每天一定要做的事，整理成直观可见的标准，让他逐渐形成自律。

1. 找个时间跟孩子一起讨论，每天的生活如何开始，如何结束。

2. 把这些讨论记录下来，寻找出规律。

3. 把规律性的事件整理出来，比如，起床、穿衣、刷牙、洗脸、吃早饭、吃晚饭、阅读、游戏、手工、英语、篮球、滑板车……把整理出来的这些事件，写在任务卡上（详见任务卡模板）。

4. 从这次讨论开始，教会孩子认知时间，帮助孩子把做这些事情的大致时间画在时间卡上（详见时间卡模板）。注意一些刚性的时间，比如早上几点起床，晚上几点睡觉，每天屏幕时间多长，以家长的意见为主。

5. 找几张空白的 A4 纸，分三栏，把时间卡和任务卡贴在相应的位置，早晨的家庭惯例、晚间的家庭惯例可以各用一张纸。

6. 可以每周找一天，比如周六，复盘一下本周家庭惯例表的执行情况。

7. 为了更好地让家庭惯例表发挥作用，建议大人也给自己做一张，孩子和大人一起完成。

打开微信扫一扫，关注"年糕妈妈"公众号，在对话框中输入"家庭惯例表"，即可获取年糕妈妈为您定制的家庭惯例表。

如何培养一个高情商孩子

改变了万千父母的教养方式的丹尼尔·西格尔教授说：孩子只有感觉好，才会表现好。

我们对孩子的爱，不只是一种情感维系的表达，对他来说更是一种最好的生长动力。

因为被父母珍爱，所以才懂得珍爱自己；因为被父母信赖，所以也能信赖他人。在慢慢把这种肯定内化成自我认识的过程中，孩子才能逐步积累起自立和自信。

我们和孩子的情感联结，就是构建他认知世界的情境底色。父母能唤醒孩子内心多少爱的回应，决定了他将来会成长为一个怎样的人。

我希望孩子内心带着满满的安全感去做一个好孩子该做的事。因为终其一生，我们每一个人都在寻找内心的满足。能带给孩子满足的亲子关系，才能让孩子走得更远。

这些始于爱的情商种子，就藏在我们对孩子的每一次爱的表达里。

孩子情商高，
是因为知道你爱他

写公众号的这些年，经常有很多妈妈来和我分享心事，其中有一条留言给了我很大触动。这条留言来自一位职场妈妈，她说她平时工作很忙，常常加班，没有时间照顾孩子的生活起居。当女儿上小学之后，她才渐渐发现，孩子的脾气越来越差，经常因为一些小事和她吵架。

最近，因为她忘记了给女儿带第二天要拿去学校捐掉的书，她就在家里大哭大闹，"你一点都不关心我""我不想要你这样的妈妈"。这位妈妈既难过又委屈：自己也是为了给女儿提供更好的生活环境，才会这么忙、这么累，但这并不代表她不在意女儿，为什么女儿这么不懂事，不能理解她？

当时我给她的回复是："你有没有和孩子聊过你的工作？有没有让孩子知道你的想法？有没有认认真真地告诉孩子，她在你心里永远比什么都重要？"

你的爱，要让孩子看到

很多人都会觉得，哪个妈妈不爱自己的孩子？我们放弃了舒适的大房子，换了一个狭窄的学区房；我们凌晨 4 点不睡，担心着发烧的宝宝，还要为第二天怎么跟公司请假为难；为了履行讲睡前故事的约定，我们可以放下手头的工作，耐心读完故事，再继续熬夜战斗……

但与此同时，我们又常常不自觉地为这份爱设下"条件"。大到"你再不听话，我就不要你了"，小到"快点快点，别磨蹭了，真不知道你在磨蹭什么"。孩子那天然具有吸收力的心灵，不断吸收着我们说话时的语气、态度和情绪。

孩子当然不知道什么是学区房，为什么要买学区房，妈妈为什么每周会有五天不见了，客户又是什么……他们只听到了我们说的话，他们会从这些话中得出自己是否被爱、如何才能被爱的结论，而这个结论往往是：我要做得够好，妈妈才会爱我。

所以，你很爱孩子是一回事，如何让他知道并感受到你的爱，则是另外一回事。为了得到妈妈的爱和关注，孩子会把自己变成一个小怪兽：要么胡搅蛮缠不讲道理，要么小心翼翼让人心疼。

之所以会生出这样的感触，是因为我也有过这样的经历。以前，每次我带了新玩具、新绘本或小零食给年糕，外婆就会抓住机会教育他："你看妈妈对你多好，所以你要乖，要听话，不听话妈妈就不喜欢你了。"后来年糕有一次不小心砸坏了家里的东西，从他忐忑的眼神里，我读到了这样的内容："我做错了事情，妈妈会不爱我吗？"

我想起了之前给他读的绘本《我爱你，小臭宝》的英文版，故事里的小男孩每天睡觉前都会问："妈妈，你会永远爱我吗？"他怕自己变成臭臭的臭鼬、凶恶的鳄鱼、撕被单的恐龙……像所有心怀忐忑的孩子一样，他怕自己的一些坏毛病会让他失去妈妈的爱。

　　他的妈妈回答："如果你变成臭鼬，我就给你洗澡，抹上香粉；如果你变成鳄鱼，我就帮你刷尖尖的牙齿；如果你变成撕被单的恐龙，我就重新把被单缝起来……无论如何，我都爱你。"

　　读完这个故事，我郑重地告诉年糕："妈妈爱你，就像小臭宝的妈妈爱小臭宝一样。妈妈爱你，只是因为你是我的孩子，我是你的妈妈。"我想年糕应该听懂了我的话，他搂着我的脖子深情地说："我想永远当爸爸妈妈的小宝宝！"

　　可是那个时候，做错事的年糕还是那么怕失去我的爱，像被抛弃的小狗一样看着我，可怜又无助。

确定被爱，让孩子生出爱的勇气

　　那天晚上，我重新把这本书翻了出来给他讲了一遍，并且在接下来的几天，用不同的方式一遍遍告诉年糕："我爱你，是没有条件的。"

　　后来，当我们看绘本《妈妈，你会永远爱我吗？》的时候，故事里正好有这样一个情景，孩子打碎了花瓶在一边难过，妈妈在收拾花瓶的碎片。旁边配有这样一句话："你看不见我的爱时，我也爱你。"

　　我问年糕："小男孩这时候知道妈妈爱他吗？"

　　年糕说："可能不知道吧。"

　　我说："那你做错事的时候，知道妈妈爱你吗？"

　　他说："我知道！"

　　之后外婆再说"不听话妈妈就不喜欢你了"这类话的时候，年糕就会毫不客气地指出："妈妈说过了，她不会不喜欢我的！"这让外婆有点懊恼，觉得这样的孩子不好管。我却觉得年糕的"顶撞"很让我欣慰，因为我知道他对于"妈妈始终爱我"这一点非常确定；而且我还知道，这样的确定才是孩子"好管"的前提。

很多时候，家长抱怨孩子有事不跟自己说、不能承认自己的错误，甚至撒谎。但家长们有没有想过，这些问题的根源在于，孩子害怕爸爸妈妈不喜欢自己了，会以为爸爸妈妈真的要收回给他的爱了。

如果一个孩子开始用各种看似无厘头的问题，来试探我们对他爱的边界，我们不仅不自知，还朝他大吼一声"赶紧去睡觉！"，这真是育儿生活中一件可悲的事情。

改变了万千父母教养方式的丹尼尔·西格尔教授说过，孩子只有感觉好，才会表现更好。

我们对孩子的爱，不只是一种情感维系的表达，更是孩子最好的成长动力。

因为被父母珍爱，所以才懂得珍爱自己；因为被父母信赖，所以也能信赖他人。在慢慢把这种肯定内化成自我认识的过程中，孩子才能逐步建立起自立和自信。

我们和孩子的情感联结，就是构建他认知世界的情境底色。父母能唤醒孩子内心多少爱的回应，决定了他将来会成长为一个怎样的人。

我想让年糕带着内心满满的安全感，阳光积极地面对未来人生的每一天。因为终其一生，我们每一个人都在寻找内心的满足。能带给孩子满足的亲子关系，才能走得最远。这些始于爱的情商种子，就藏在我们对孩子每一次爱的表达里。

后来《我爱你，小臭宝》被引进到国内，我也有幸被邀请到给这本书写导读文章。现在，每个睡前为孩子翻开这本书的妈妈，都能看到我和年糕的这段故事。感谢书中的这位妈妈，她为我提供了一个母爱话语体系，每一句话都在强化孩子的观念——我爱你，永远爱你，没有条件。

自由的孩子才自律

年糕 4 岁的时候,我带他去参加了一个科技展。排队看展的人很多,让年糕兴奋不已的炫酷智能汽车也很多。在这种连大人也需要耐着点性子的情况下,年糕像个小大人儿一样,安静、有秩序地耐心排队,有条不紊地进行自己的体验计划。

在陪他完成体验的过程中,我特别为他感到骄傲——表扬他懂事的人很多,但我看重的是他的自律。

"自律"是个现实又抽象的概念,那么让孩子学会自律要从何开始呢?

答案在生活中就能找到。从吃饭、睡觉这样的小事开始,引导孩子学会安排好自己的日常,并长久地坚持下去,直到成为习惯,这就是培养自律的起点。

培养孩子自律,从教孩子认识时间开始

很多家长总嫌弃孩子没有时间观念,不够自律,却没有意识到,孩子可能只是因为不知道时间是什么。

当我们催孩子"都 8 点了还不起床,要迟到了""只能再玩 5 分钟""再不出门就来不及了"的时候,孩子可能根本理解不了为什么。

时间的概念，是不可能凭空出现在孩子脑子里的。要培养孩子自律，家长首先需要教会孩子认识时间。

年糕开始认识数字时，我就特意买了每一格都有数字的大挂钟带他看时间。虽然他没有办法确切地掌握几点几分，但很容易就能理解长针走几格代表五分钟、十分钟。

糕爸就更厉害了，他在年糕活动的每一个地方都布置上这种大挂钟，以便年糕随时能"看到"时间。因此，我们家餐厅、客厅、我们的房间、他的房间，到处都是那种又笨又土的大挂钟。

在认识时间、感知时间的氛围中，年糕开始试着安排自己的时间。

比如，他自己坐上餐桌的时候就会开始计划："等长针走到 7（8 点 35 分），我就要去上学了。"吃完饭，他看看挂钟会说："还有五分钟，我回房间玩一下。"有了时间意识，不用我们催，年糕都能把时间安排好。

在需要向年糕强调时间的情况下，我们也不会说"快点""再过一小会儿"，而是具体告诉他："我再给你五分钟""长针走到哪里"。对于更小的、对数字没有认知的孩子，小沙漏是一种更好的计时工具。

有一个问题是，很多家长在催促孩子的时候，迟和早的标准往往是根据自己的情况界定的，说开始就开始，要求结束就结束。这种混乱的标准，孩子根本不知道如何去遵守和执行，当然也谈不上自律。因此，在培养孩子自律时，家长还需要给出明确的时间标准，做好预期管理。

培养孩子自律，须做好预期管理

培养孩子自律的第二个重点：给孩子做好预期管理。

那么，怎么做预期管理呢？就拿晚上给孩子讲睡前故事举例，总有妈妈头疼，孩子会"听完一个又要一个，没完没了"，最后睡前温馨一刻还是以孩子的哭闹和大人的吼叫告终。

不过，这样的情况在我们家从来没有发生过，因为每次给年糕讲故事之前，我都会先和他做好约定，故事讲到哪里或讲完几个故事就睡觉。比如，年糕非常喜欢一本叫《飞机小百科》的书，书里有很多不同类型的飞机。他经常要我在睡觉前讲，里面每架飞机大概要讲三分钟。每次开始前，我都会先问他："你今晚想让我讲几架飞机呀？"

一般情况下，他总会要求讲很多，比如说十个。这个时候，我会先把他的预期降低，和他说只能讲一个，同时也会给他个说服我的机会。

讨价还价之后，我会假装妥协："好吧，本来我只能给你讲一个的，但你说的很有道理，那就讲三个吧。"

这个过程既锻炼了他的语言逻辑能力，也是帮孩子做好预期建设，让他明白这个世界不是什么都由他说了算，不是他的什么要求都能得到满足，同时还是让他明确界限存在的一种方式。因为如果现在什么事情都无条件地满足孩子，在今后得不到满足的时候，孩子就会觉得很受挫。

做出约定，给出预期管理后，我在讲故事的过程中还会注意做好巩固。比如我和年糕约定睡前讲三种飞机，那在讲的过程中，我会一直提醒他："现在我们开始讲第一种飞机。""现在讲第二种了，还剩一种噢。""现在我们讲第三种，是最后一种了噢，这种肯定特别厉害吧！"

我一直不断地强化这个约定，待讲完所有故事时，我就会提醒他："结束了哦，现在该怎么做呢？"这时，年糕就会自己把书合上，乖乖睡觉了。

对于孩子来说，他没有那么强的自律能力，能明确地把控每个时间节点。这个反复强调约定的过程，就是给孩子强化预期管理，让他学会自律。

比如，我和年糕在科技展体验智能汽车的时候，年糕好不容易才坐上心爱的汽车，坐上后他就舍不得下来。但是，我们后面还有很多人排队，这时我就和他说："后面还有很多小朋友在等，你看下手表，等长针再走两格，我们就下来让给后面的小朋友坐，好不好？"

有了明确的预期和约定，到了时间，年糕自己就知道该下来了。

很多妈妈都觉得自家孩子总是磨磨蹭蹭，每天起床、吃饭、洗澡、睡觉等各种小事都要人催着去做，每次总要闹得鸡飞狗跳。这些事，往小了说，决定了你现在带孩子有多累；往大了讲，关乎孩子面对未来挑战的竞争力。在这些事上，孩子听不听话尚在其次，重要的是，家长要让孩子通过这些事养成自律的习惯，因为这将提升孩子面对未来挑战的竞争力。

有了小爱好，
内向孩子自信了

"这是乌尼莫克铲雪车，它的轮子上有雪链，在厚厚的雪地上也能开！"客厅里，年糕在向客人介绍他的汽车模型。

在座的每个人都听得很认真，但我敢肯定，他们都和我一样，听不懂他在说什么——毕竟，除了像糕爸这样的钢铁直男，谁会关心一辆铲雪车有多厉害呢？

真正让他们惊讶的，是眼前这个不到4岁的小男孩，居然对各种车子的性能、参数有这样深入细致的了解。

大家忍不住由衷地发出赞叹："哇，这个你都懂，太厉害了！"这时，我从年糕矜持的脸上看到他内心绽放的那朵小礼花，以及自信心又一次得到了极大增强。

每次看到这种场面，我内心都是很感慨的。

从小，年糕就是个慢热、内向的孩子，见了人不愿意打招呼，和小朋友玩不到一块儿去，在公众场合特别黏人。这些多是源于他的不自信。虽然大多数时候，我相信孩子有他的成长节奏和个性，不要强迫他，不要给他贴标签，给予他更多的时间适应不同的环境，但是我也相信，随着孩子成长，家长可以适当加以引导，让他更加自信。

发展孩子的爱好，为他打下"自信基石"

让孩子变得自信最有用的方式，就是给他找到一个爱好，以此作为他建立自信的基石。

为孩子打下"自信基石"，离不开父母对孩子的爱和了解。我们第一次发现年糕"自信基石"的时候，他还不到两岁。那时候我们家附近有一小片工地，每次路过，年糕都会着迷地站住，眼睛晶晶亮地喊"挖机"。

发现他对机械和汽车的兴趣后，助推一把就变得水到渠成。我们买了很多汽车机械的相关绘本，讲给他听，像升级打怪一样，一次比一次讲得更细、更难。出门时，他看到感兴趣的车子，糕爸就停下来耐心地陪他研究：这是什么车，有什么厉害之处，在什么场合发挥作用……父子俩兴致盎然到完全忘了旁边还有个发呆的我。

虽说大部分男孩都是天生的"车迷"，但是真正推着孩子把兴趣变成爱好，由爱好升级为精通，还需要家长付出更多的努力，把爱好的版图拓展得更宽、更深。

在这一点上，糕爸做得非常棒：除了看书和日常观察，他还有一整套计划，带领年糕循序渐进地认识车子，不断填充完善他脑海里的汽车知识图谱。

去德国时，我们还特意给年糕安排了去斯图加特参观奔驰博物馆的"特别行程"。当我们站在整整七层都是车的奔驰博物馆里时，年糕的眼睛一下子就被点亮了——我猜，等他十几年后第一次约会，看女伴的眼神大概也不会比此刻更闪亮。

年糕 4 周岁生日时，也收到了一份特别的礼物：去上海看一场真正的 F1 赛车。在高高的看台上，糕爸和年糕热烈地讨论热熔胶的轮胎、赛车的底盘为什么这么低、今年新加的赛车人字托、怎么快速换轮胎……

从认识奔驰，到熟悉奔驰 G 系列，再到了解这个系列背后的设计灵感和汽车的机械原理——当年糕口中兴致勃勃地冒出"火花塞""变速箱"这样的名词时，即便我对这些一无所知，也能深深感受到他那种神采飞扬的自信。

"我比别的孩子懂更多汽车知识"，这点小小的自信给年糕的内向打开了一个突破口。

首先，这给了年糕很好的谈资，为他融入社交生活提供了很大便利。不管是在小伙伴面前，还是在大人面前，只要涉及汽车的话题，他都愿意开口；而每次开口，他都会收到不错的反馈，这更加增强了他的自信。

其次，这也让年糕更能接纳自己的不完美，也让我在安慰他时特别有底气："你看，虽然你做这个手工作品不如同学表现好，但你也有能干的地方，你汽车知识懂得比他多啊！"

爱好能带给孩子意想不到的力量

再不自信的孩子，一旦拥有了能接纳自己热情的爱好，就像拥有了超人的神秘披风，能带给他意想不到的力量。就像电影《奇迹男孩》里的那一幕——

天生面部残疾的男孩奥吉，整容 27 次还不像"正常"孩子，到 10 岁了，才第一次去学校。小孩子的好恶是很直接的，同学像看怪物一样盯着他的脸，吃饭没人愿意坐在他身边，上体育课球都朝他砸。

学校生活让他非常沮丧，但是他在科学课上的漂亮表现救了他——当科学老师做着有关折射的实验，提问这是什么原因时，全班只有奥吉能够回答出来。这让他走出了第一步：赢得同学的尊敬，交到朋友，慢慢融入校园生活。

奥吉能懂这么多，很重要的一个原因，就是在他没有正式去学校的几年时间里，他的爸爸妈妈在家里教他知识，对于孩子特别感兴趣的东西，他们既尊重又支持。

奥吉有一个宇航员头盔，在后来的剧情中不断出现。这一方面是他遇到不开心的事情时，用来躲避世界的；另一方面，太空、宇宙、科学，一直都是他感兴趣且喜欢的东西。他的房间也布置得像一个星系。所以，我真的特别认同，每个孩子都该有自己的特长和爱好，由兴趣引发学习，最后变得精通，这些带给孩子的自信力量，可能远超大人的想象。这种凭借自己能力获得的快乐，才是孩子自信心的源头。这个正循环一旦达成，孩子就会想不断重复这个过程——这也正是通向幸福和成功的秘密路径。

所以，家长应该多观察和了解孩子，并且当我们回顾这个过程的时候，发现真正重要的并不是有没有去德国、能不能带孩子看一场真正的赛车——国内也有很多科技馆、火车轮船博物馆，也一样能点燃孩子兴趣的火花。

就像李亚鹏会带着 1 岁半的女儿李嫣去爬山；每到一个节气，还会和她在十三陵水库观测气温、水温；如果是惊蛰，就去找一只苏醒的虫子、去辨别不同植物。

很多人想都想不到的二十四节气考察和《本草纲目》调研，也可以成为孩子的兴趣。

其实，说到底，培养兴趣爱好是为了让孩子人生丰富、充满色彩，太焦虑、太功利都没必要，培养兴趣爱好也真的不是靠钱和资源堆出来的。让孩子对知识获取这件事情有兴趣，靠的是家长的陪伴和引导。

帮助孩子找到并支持他去做自己真正擅长、喜欢的事情，培养他的爱好，帮他打下坚实的"自信基石"，他会逐渐成长为一个自信的人。

现在输不起的孩子，
长大也赢不了

　　在北京做亲子关系演讲的时候，有位家长问我："我的孩子特别好胜怎么办？不管是吃饭、画画，还是做游戏，只要没有别人快，或者老师表扬了别的小朋友，没有表扬他，他就会特别受挫。"

　　这位家长非常担心："孩子将来会不会一点挫折都经受不起？"

　　我没有直接给这位家长答案，而是向他提了个问题："请你反思一下，你们是不是经常要他得第一名？"

别让"争第一"的鼓励变为压力

　　相信在很多人的成长经历里，都有过父母事事要求"争第一"的鼓励。

　　比如，为了让小孩多吃饭，大人们会说："你今天要多吃一点饭，明天就能跑第一了""你今天好好吃饭,明天就能比谁谁谁厉害了""我们看看，谁今天吃饭是第一名"。

　　本来是一天中最应该放松、享受的吃饭时光，就这么硬生生地跟"争第一"捆绑在了一起。

　　我们家也出现过这种鼓励"争第一"的情况。有一次，幼儿园晚上通知小朋友们在家练习拍球，准备参加运动会。第二天一早，奶奶就对年糕说："你要加油练拍皮球，这次运动会要得第一名！"

一听这话，我赶紧上前制止了。

大多数时候，我们对孩子说"争第一"，其实是想给孩子鼓励。如果父母总是把"第一"挂在嘴上，这种鼓励就会给孩子带来副作用——紧张、焦虑。

我听过一个故事：一个妈妈请求老师不要用红墨水批改她儿子的作业，因为那代表了他没有得到 100 分，所以孩子一看到红色就会崩溃。

家长都希望孩子能有勇气、有信心，不断超越自己，但这种期望同时也是一种压力。那些从小被灌输要当第一的孩子，每件事在他们眼里都像"红墨水"，时刻担心自己做得不够好，达不到大人的标准，因而反倒更加容易退缩和放弃。

孩子为什么"什么都想争第一"

如果家长总是有意无意地用"第一"来评价孩子，将会破坏孩子对"自我、自尊"评价体系的建设。对自尊心刚开始萌芽的四五岁孩子来说，家长对他"争第一"的要求和态度只会让他觉得：我必须赢，才能被接受和认可。

年糕 4 岁多的时候，就对自己是不是第一非常介意。

当时，他的体能课上有个计时障碍赛项目，每次比赛结束后教练会直接报出成绩。有一次，趁着休息空当，年糕得意扬扬地跑过来跟我说："妈妈你看到了吗，我刚才跑了第一名。"

整个比赛过程我看得很仔细，于是迅速纠正他："不对吧，你前面还有两个小朋友，一个 1 分 50 秒，一个 1 分 40 秒。"

年糕小朋友一听，马上就崩溃了："不对，我就是第一名，你不要说那样的话了……"

还有一次，他幼儿园同班的一个小女孩到我们家玩，两个孩子玩扔球游戏——像扔飞镖一样，把球扔到一个有黏性的毛毡圆盘上，圆盘上的每一环都有分数。

小姑娘随手一扔，扔了个 100 分，女孩妈妈就很高兴地夸了她。年糕小朋友就不开心了——他自己还从来没有扔过 100 分呢，就算是他最好的朋友也不行！整个晚上，他的情绪都非常低落。

孩子之所以会产生这种"我最厉害"的想法，是因为他们希望自己成为最好的那个。但是，他们在这个阶段还不能区分理想能力和实际能力，而且会低估任务的难度，这就形成了矛盾。在家长看来，这种矛盾就变成了孩子"什么都想争第一""动不动就输不起"。

争不争第一，让孩子自己选择

著名主持人杨澜说过一句话："现在输不起的孩子，长大了也赢不了。"面对输赢，能够保持平常心、自己判断取舍、做出决定的孩子，才不会只为结果患得患失。

比如，年糕所在的幼儿园后来把拍皮球当作日常练习，而且每次都会公布成绩。每节课下来，我都会如实告诉年糕，他现在的水平状况和在班级里的排名——虽然能保持在前十名，但并没有达到他想要的第一。

我告诉他："你已经很棒了，一开始你都不会拍球，而现在你已经练到能连续拍 160 个球，妈妈觉得非常骄傲。"

年糕问我："那我什么时候能得第一名啊？"

我说："你要得第一，是完全可能的。但是，从今天开始，每天吃完饭，你就得少玩一会儿，多练习拍球。而且，你可能会比现在更累，因为从 160 多个球进步到接近 200 个球是不容易的。"

年糕奋起直追了吗？没有。

他纠结了一会儿，觉得还是玩重要，便非常坦然地接受了当时的排名。

当然，我也尊重他的这个选择：他已经付出了努力，至于得不得第一，那是他自己的决定。

比"争第一"更重要的，是孩子对这个世界的好奇心

我从小也是一个"永远争第一"的孩子，学习刻苦，在意排名。可是上大学之后，爹妈不再要求我成绩好，我就失去了努力的方向。后来我才发现：学习最棒的动力并不是来自谁告诉你要去做什么，而应是你对这个世界的好奇心，向往成为更好的自己的那种内驱力，这

些比别人告诉你要去争第一强大无数倍。

所以，比起能不能拿到第一，我更在乎的是孩子对这个世界的好奇心：他想不想去学习？想不想了解这个世界？能不能从这个过程中收获自我肯定？

这个小小自我的萌芽，就是孩子愿意为成为更好的自己努力的基石。而我们要做的，就是支持这个小小自我的渐渐长大，容忍孩子不同的选择，尊重孩子做出的真正属于自己的决定。当孩子面对挫折和失败的时候，用正确的沟通和鼓励与孩子保持良好的关系，让他知道无论是输是赢、有没有拿第一，爸爸妈妈都一样爱他。这样，他就可以保持乐观自信，毫无保留地去爱这个世界，去创造他觉得有价值的东西。

懂得感恩，
从教会孩子珍惜开始

在我们家，向来都是大人过着什么生活，孩子就过什么生活；家里是什么样，就让孩子看到什么样子。我们既不会刻意让小孩吃苦，也不会牺牲自己去满足他的要求。

不妨对孩子"坏"一点

作为一个经常跟着我到处跑的小孩，年糕对坐飞机这事已不感新鲜。但是，自从带他体验了一次商务舱之后，再坐经济舱，他就有意见了。

有一天年糕突然问我："妈妈，我们为什么不坐商务舱啊？我想躺着呢！"

果然，小孩都是天生懂得享受的。但是，作为一个成年人，我有责任教他认清现实。我告诉他："爸爸妈妈带你出来玩，已经花了很多钱。我们目前的条件只够坐经济舱，如果你喜欢商务舱，长大了努力赚钱，自己去享受。"虽然有点遗憾，但年糕还是表示了认同。

平时家里有什么好吃的，我们也不会先尽着年糕。

有一次，朋友送了我们一些虾饼，年糕很爱吃。五个人，六块虾饼，但是年糕却问："我能不能吃三块？"

他的要求被爸爸毫不留情地拒绝了："我们一人吃一块，你最多可以吃两块。"

这时候，年糕的眼泪就开始在眼眶里打转了，爷爷奶奶抢着要把自己的虾饼分给他，但糕爸很干脆地把虾饼塞到爷爷奶奶的碗里。

安排家庭旅游也是一样，我们的原则是全家人参与讨论，一起确定行程。我会安排一些适合年糕的项目，满足他的心愿，但绝对不会只以他为中心。比如，我们在规划新西兰行程的时候，有个城市有老爷车博物馆，年糕嚷嚷着说想去。但去那里其实不太顺路，会浪费一些时间。糕爸说他不想去，我也投了反对票。面对 2∶1 的结果，他乖乖放弃了。

后来，一个朋友的经历更让我们觉得这个原则是对的——她为了满足孩子，韩国游的整个行程都泡在乐天游乐场里，回来后忍不住跟我们吐槽："那简直就是花高价去外国的游乐场玩，那些游乐设施和国内的没差多少啊！"

我们家还有一个标准，就是"小孩的东西不能比大人的贵"。

比如买衣服，如果我给自己买衣服的标准是一千元，那小孩按照衣服大小的比例大约是成人的三分之一，价格最多也是三分之一就足够了。

印象很深的一次，我们在美国看到盟可睐（Moncler）羽绒服在打折，我就心痒想给年糕买一件，但立刻就被糕爸制止了："你喜欢就给自己买，给小孩子，不要买这么贵的东西，结实好穿的就可以了。"

被甜到的同时，我也豁然开朗——作为一个辛辛苦苦赚钱的成年人，最贵的东西应该买给自己和父母。至于小孩子嘛，安全耐用的就好。想要最好的？那是要靠自己去赚的。

所有这些，我们就是想让他知道：家里的很多决定并不是以他为中心的。

不以孩子为中心，让孩子更懂感恩

有人表示担心：不被视为家庭的中心，小孩会受伤吗？

不会！每个人天生都有自我中心主义的倾向，小孩由于理智脑发育不成熟，这种倾向就更严重了。让小孩知道，家不是以他为中心的，而是以原则为中心的，他反而更能摆正心态。

在我们家，我们绝不允许对年糕说"都是为了你"这几个字。每当长辈们跟年糕说："你看爸爸妈妈那么不容易，赚钱都是为了你！"我和糕爸都会立刻反驳："不，我们赚钱是为了自己更好地生活，顺带把孩子养大！"

看起来，我和糕爸真像两个冷漠的大人啊！但其实，我们并不是不爱孩子，而是因为我们已经把最好的给了孩子，那就是让他知道：这个世界并不是围绕他的意志打转的，让他懂得一切得来不易。

这种不以孩子为中心的养育方式，出于我们自己的选择，却收获了一个意想不到的副产品：年糕因此更懂得感恩。

有一次，年糕跟我一起看之前旅行的照片。他掰着手指数了数，说：

"哇,我去过十个国家了,我好厉害!"糕爸马上纠正他:"不是你厉害,是你妈妈厉害,是妈妈带你去了这么多地方。"

2018 年 10 月,我们去美国西雅图的飞行博物馆的时候,年糕就感恩地说:"我居然来飞行博物馆了,好幸运啊!谢谢爸爸妈妈!"

"啃老"的孩子,都是这样惯出来的

想想小时候那个经典"谎言":妈妈为了把鱼肉省给孩子吃,说自己爱吃鱼头。我们可不想等小孩长大,把自己不要吃的东西塞过来说:"妈,你最爱吃鱼头了!"

太多的社会新闻告诉我们,父母穷尽家庭条件养育孩子,却养出了"穷人家的富二代",孩子啃老、自私,还觉得这一切理所应当。

为什么以孩子为中心的家庭,父母付出的越多,孩子越觉得无所谓?因为孩子在成长过程中,90% 的行为习惯都源于模仿,而他们最爱模仿的对象就是父母。但是,在以孩子为中心的家庭,父母却把自己变成了照顾孩子吃喝拉撒睡的保姆,孩子从小在家庭里学习到的不是感恩,而是只考虑自己。当他们长大了,父母越说"我为了你如何如何",他们就越厌烦。

所以,孩子懂得感恩,不能用父母的含辛茹苦换来,而应通过"不以孩子为中心"的养育方式培养出来。

而且,我们也非常确定另外一件事:我的孩子以后一定比我更优秀,还用得着我替他操心眼前这一件衣服、一块虾饼吗?

关于共情，
我们到底做错了什么

Lin可以称得上是我的"患难姐妹"。她儿子果果和年糕年龄相仿，在应付一个精力旺盛、满脑子古怪想法的5岁小男孩的过程中，我们有着高度接近的人生体验。我对她总能保持淡定，心无旁骛地倾听和认同孩子的感受十分佩服。

Lin也认为自己在给孩子充分的理解和尊重这件事上做得不错。可是前段时间，在果果接受包皮环切术之后，她突然发现，自己也不过是把"共情"挂在嘴上而已。

比起从排队就开始哭闹的小孩，果果从进去到出来都很淡定，一点都没哭，当时我还很欣慰。没想到手术后第一次尿尿，他就疼得崩溃了。我觉得做手术当然是会疼的，也觉得自己完全能够体会他的痛苦。为了安慰他，我讲了自己当年动腰椎手术的故事，告诉他疼是术后正常的反应。

可过了一会儿，果果又开始一遍遍念叨自己很疼。我建议他试试深呼吸，并说忍耐一下就好了。但没想到他却生气了："没用的！没用的！我忍耐不了！特别特别疼！"

我老公听见后训斥他说："哪有那么疼？男子汉怎么连这点痛都

不能忍！"儿子突然大哭起来："你们又不是我，你们又没有割！怎么知道我有多疼！现在小鸡鸡就好像被打了一针那么疼、不、有两针那么疼！"

他一边号啕大哭、一边调动他能想到的词语来描述自己有多疼。我和老公只好不停地安慰他，好不容易让他平复了情绪，我以为事情就这样过去了。

可两天后，我不小心踢到了凳子。脚指甲磕到后的酸爽直冲脑门，我一下子喊了出来。以前看我磕到都会跑来给我呼呼的儿子，这次却只是很淡定地看了我一眼，说："没那么疼的，你忍耐一下就好了。"

Lin 猛然发现，她前两天对儿子说"不疼不疼"的样子，一定也是这么傲慢吧。当我们这些大人端着高高在上的姿态，自以为是地想要走进孩子内心世界的时候，却没发现这种所谓的"共情"是多么冰冷。

你的共情是出于理解孩子，还是为了让他听话？

跟着育儿书努力学习的这代家长，对共情都一定不陌生吧？孩子如果有负面情绪或者不好的行为表现，专家就会告诉你：共情！蹲下来、倾听、认同孩子的感受，允许他表达自己的情绪，然后你就能收获一个通情达理、乖巧听话的好孩子。

然而，说起来云淡风轻的这两个字，要真正做到并不容易，即便平时尊重理解孩子如 Lin，也会因为迫切地想要让孩子别哭，一不小心就变成一个简单粗暴的家长。

对更多家长来说，更大的问题在于本末倒置，把共情当作驯服孩子的一个工具。只要身体蹲下来、耳朵听到孩子的话，就是共情了吗？只要嘴里说着"我知道你很疼"，你就真的能体会孩子的感觉了吗？我们"认同孩子的感受，允许他表达自己的情绪"，只是在用自己的容忍让孩子变得听话吗？

所以，很多家长只有在孩子惹了麻烦的时候，才愿意蹲下来和他"共情"。而当孩子真的渴望沟通的时候，却发现爸爸妈妈并不关心自己的真实感受，只是在趁机说教。

于是孩子会变本加厉地发脾气、胡闹，因为父母只关心自己听不听话，而不关注自己。就比如面对孩子发脾气，很多家长总是觉得说一句"妈妈知道你很生气""妈妈知道你很疼""妈妈知道你很难过"就是共情了。而且，有时这些家长不仅不去理解孩子情绪背后的原因，还要顺口接上一句"但你还是应该如何如何"。对孩子来说，这样的"共情"不过是家长口头上的敷衍，自己的感受根本没有得到理解。

"我爱你"，才是共情的前提

共情从来都不是说话术、手段，更不应该抱有什么目的。它应该是我们和孩子之间心灵沟通的桥梁，是情感流动和分享的过程。这种流动一旦被阻断，我们就会变成孩子眼中的"怪兽妈妈"。

年糕小的时候，我和他一起读过一本绘本《我把妈妈变成了鳄鱼》，这本书给我留下了非常深刻的印象。

小男孩菊千代有一天走进厨房，发现只有只鳄鱼在厨房里打开冰箱看里面的食物。鳄鱼不仅叫出了他的名字，还说它是妈妈。

小男孩想：这只鳄鱼是谁？为什么它知道我的名字呀？噢，它看起来像是我的妈妈。

可是妈妈为什么会变成鳄鱼？因为在家里，她总是念叨着："快去洗澡""快点吃饭""快点起床""快点快点"……

小男孩很伤心，他说："就算妈妈不说，我也知道自己应该快一点。可是，要怎么做才能快一点呢？"

妈妈从来不关心他的感受，也不会过问他的想法，就像一只就会催促的冷冰冰的大鳄鱼。可是孩子还是很爱妈妈，不想妈妈变成丑丑的鳄鱼。于是他一边悄悄说"妈妈！你要是偶尔想说'快点'，你就说吧，我会努力想办法让自己快起来的"，一边又画了一幅画，把妈妈"变"了回来。

孩子无时无刻不渴望着我们的关注和理解，总是努力让自己变得更好，去做大人希望他做的事情。那么我们呢？能不能静下心来去听孩子的声音，认同他的感受？家长不一定要百分百地感同身受，但可以告诉孩子：我在陪着你。这个过程让我们和孩子彼此都能确定：我爱你。

Lin 的这个故事，其实还有一个感人的结尾。在被孩子反驳了以后，Lin 想了想，决定和孩子道歉。

她对孩子说：“因为妈妈没有小鸡鸡，所以确实没办法去真实地感受这种事情，包括爸爸，他没做过这个手术，因此也不能体会你的感受。因此，我们很容易地跟你说，希望你坚持一下，马上就好了。但是那天你说像打了针一样疼，妈妈听进去了，妈妈是能体会到你的感受的，你是真的很疼才会这样说吧。”

听完妈妈的话，果果抱着妈妈说了一句：“妈妈，我是忍不住了，真的好疼啊。”这一次，Lin 没有再让果果忍耐一下，而是抱着孩子安静地坐了很久。

Lin 的故事给了我很大触动：孩子真的很聪明，大人是不是真情实意地对待他的感受，他们都知道。他们也很清楚，没有人能代替他的疼。但在他那么疼的时候，有人听到了，有人懂他，这就很好了。孩子想要的，也就是这一点点而已。

为什么要让孩子理解死亡

年糕 3 岁半时，玩打仗游戏，他拿着枪对着我得意地说："你死啦！"

过了一会儿，他又笑嘻嘻地来拉我："你又活啦！"

画画时，我建议他画一个小人儿，他画了一座小山，说："这个人躺下来，他死了。"

太有诗意了，我都忍不住要念两句诗："死去何足道，托体同山阿。"

小孩子总能以某种奇怪的方式窥得天机，即使他根本不知道"死"到底是什么。

死是不是像得了一场感冒，吃了药就会好呢？死就是做了一个梦，分不清醒了还是睡着吗？

他问："妈妈，死是什么？"

这个问题，我不知道怎么回答他，或者说，不知道该不该回答他。

我们真正开始谈论这个话题，是因为我带他看了口碑爆棚的皮克斯动画大电影《寻梦环游记》。这是一部拥抱死亡的电影，很多影评的建议是 6 岁以上的孩子才能看。在电影里，亡灵以骷髅人的形象出现，这是个容易吓跑小朋友的大胆设定。因为不确定是不是适合带年糕去电影院看，所以我们是在电影上映了大半年后在家里看的。

看的时候我哭了三次，年糕看起来没心没肺的，我以为他没看懂，不过让我没想到的是，连着两个晚上，他都在睡前和我讨论关于死亡的宏大问题。

第一天他说："妈妈，人死了都会变成骷髅人吗？"

得到肯定的回答后，他语重心长地嘱咐我："妈妈，你要好好活着啊！"

第二天，他又想明白了一些事，说："妈妈，是不是我们都会死？"

再次得到肯定的答案后，他慌了，带着哭腔说："妈妈，我怕死！"

死这件事，没有一个人能躲过，可是我们总是习惯于逃避。

儒家文化里有句话说："未知生，焉知死？"在我们的传统文化里，一直缺面对生死这一课。

而关于死亡教育，给我震撼最大的是朋友转给我的一封信。

杭州发生过一场高层公寓火灾，在那个遭遇不幸的家庭里，妈妈和三个孩子同时遇难了。其中两个孩子在同一所学校就读，事故发生后，当同学遇难的消息传来时，学校除了在校内提供心理疏导和支持之外，校长还给遇难孩子所在班级的家长们写了一封信，就"如何与孩子谈论死亡"给出了建议。

在我的认知范围里，这可能是国内的学校第一次在面对学生突然遇难时，迅速反应而做出的死亡教育。

当时，在仔细读完那封信后，我对校长的死亡教育理念非常认同，他提到，谈论死亡绝非易事，但有一些是我们该做的——

告诉孩子死亡的真相。死亡是残酷的，并不是童话里被美化的"睡着了"。

允许孩子谈论自己的感受。如果这是孩子第一次失去身边的人，他可能会不知所措，需要帮助。

肯定孩子所有的情感流露，而不是漠视或压抑它。

鼓励孩子用书面的方式表达自己的情感，比如写日记、绘画、写信等。

给予孩子足够的爱护和关心，关注孩子的情绪和安全，帮助他维持正常的日常作息。

校长在信里强调的这些做法，我能理解，它的核心就是：接受，以及感受。

这可能也解答了很多人的疑问，死亡教育有必要这么早开始吗？让孩子了解这件事真的有帮助吗？

我认为是的。孩子如何建立自己对死亡的认知、化解对死亡的恐惧，这种经验可能陪伴他终生。

这让我想起美剧《绝命毒师》里的一个片段，一架飞机在小镇上空失事坠毁，飞机碎片和遇难者的残骸掉进很多人的院子。

清晨推开门看到这样恐怖的场景，对每个人都是非常大的心理震撼。

　　然后，镇上的中学把学生们都聚集到体育馆里，校长说希望大家说出自己的感受，不分对错，怎么想的就怎么说。

　　一个女生说："我一直问自己，为什么会发生这种事，如果上帝真的存在，他怎么能让这么多无辜的人就这样死去？我睡不着，有人也像我这样吗？"

　　很多人点头了。

　　没有人说励志的鸡汤，大家只是诉说这件事带来的困惑和伤痛。老实说，真正残忍的事情发生的时候，安慰都是无力空洞的，逃避只是阴影的开端，不如拿出勇气来，实实在在地去接受，以及感受。

　　鼓励孩子说出自己的感受，可以哭，可以悲伤，可以困惑，但仍要前行。

　　这也是为什么，我特别希望和大家分享那封信，它补上了我们过去教育里缺失的一环。

　　同样是怀念死去的亲人，和我们肃穆的清明节不同，电影《寻梦环游记》里呈现的墨西哥亡灵节，就像一场盛大的嘉年华派对，在迎接亡灵回家的那一夜，人们唱歌、跳舞直至天明。我给年糕买的《DK幼儿百科全书——那些重要的事》里，也有一页是关于墨西哥亡灵节风俗的介绍，后来我们经常会在睡前阅读那一页，并继续对于死亡的讨论。

　　我很难说清现在年糕对死亡的理解是什么，但是我知道，和死亡共处，本来就是我们生而为人该有的自觉。我也相信，当人们能坦然接受死亡时，就会开始思考如何更好地生活。

所以，当他带着哭腔告诉我"妈妈，我怕死"的时候，我只是说：

"你还小、爸爸妈妈会爱你，保护你长大、长强壮，长到什么都不害怕。"

接纳孩子，
他就是独一无二的

"孩子，你会像爸爸一样，长成最勇猛、最强壮的斗牛，去赢得荣誉。"

"爸爸，如果我没有这样的梦想呢？"

这是电影《公牛历险记》里的开场白。公牛父亲被斗牛士选中，上场战斗的前夜和儿子费迪南有了以上对话。

踌躇满志的父亲想和儿子分享荣耀，在他们生活的"公牛之家"，所有的公牛都梦想着成为一头斗牛，可是费迪南却没有这样的梦想。

费迪南是一头爱花的牛，他的梦想是坐在牧场外的栎树下，静闻花香。

带年糕看完《公牛历险记》，我的脑子里一直回荡着这句话："如果我没有这样的梦想呢？如果我的梦想和你们不一样呢？"

一个关于成为自己的故事

电影里，费迪南逃出了"公牛之家"，找到了一片自己梦想的花田，和收养他的小女孩妮娜一起长大，日子美得如同田园诗。

可是，费迪南长大了，长得比父亲还要雄壮威猛，以至于所有人看到他都视他为威胁。误入小镇的费迪南，明明是想去救深陷危险的婴儿，却被当成要吃孩子的猛兽被抓捕。

费迪南回到了"公牛之家"，并且被斗牛大师选中，将在他备受瞩目的谢幕战里上场。

费迪南的小伙伴们都嫉妒得发狂，在公牛的世界里，成为斗牛是他们毕生的追求。

"可是，我的梦想和你们的不一样啊！"

没人相信，费迪南毫无攻击性，会为了救小兔子而甘愿受伤，他的心那么软，天生没有暴力因子。

没人相信，费迪南不适合做斗牛，只适合做花匠。

费迪南的故事来自经典童书《爱花的牛》，早在1938年迪士尼就将其改编成动画短片。

可是，这个"心有野牛，细嗅蔷薇"的故事在很多国家被禁了。它是美国儿童文学史上第一本被标示"颠覆"的作品，在20世纪30年代西班牙内战期间被列为禁书，希特勒干脆把它烧了。

现在，属于这个故事的时代来了。2017年，《爱花的牛》重新被翻拍成电影，《公牛历险记》拿到了金球奖和奥斯卡奖提名，口碑炸裂。

正如影评人所说：这个故事能流传这么多年是有原因的，它告诉我们，对自己诚实、走自己的路，不要让社会规定你什么该做，什么不该做。

谁规定公牛就该凶猛，兔子就该善良，鲨鱼不能吃素？

如果这就是我的样貌，如果我就是和你们不一样，我不会为此道歉。

我养了一个爱粉红色的小男生

壮硕的公牛费迪南坐在树下，头上别着一朵花。那种又壮又柔的形象，为电影贡献了所有笑料和温情，但是在生活中呢？

如果你的孩子是那头爱花的公牛，你能接纳吗？

这个问题，对中国的家长来说，似乎特别难回答。家长的焦虑无处不在，"我儿子 3 岁，居然喜欢玩芭比，这会有问题吗？"

每次看到这种留言，我都想说：有问题的不是孩子，是家长的偏见。

年糕 3 岁后，我们的生活里就莫名出现了一些"娘"的味道。

你问他最喜欢哪个动画人物，他会毫不犹豫地说是艾莎；周末我们出去玩，他手里还要拿着公主贴纸——经常惹来小女孩们"我最喜欢艾莎公主"的愉快搭讪，以及小女孩的妈妈们异样的目光。

有一次公公婆婆给年糕买了一辆粉红色的小汽车，年糕爱不释手，我爸却私下里跟我嘟囔："怎么给男孩子买这种颜色的汽车？"

后来，家里老人也表示了忧虑：男孩子这样子不会很奇怪吗？不会变成娘娘腔吗？

我告诉他们：你知道世界上收藏 Hello Kitty 最多的吉尼斯纪录保持者是谁吗？是个日本的警察大叔，那个大叔都快 70 岁了，一身正气的堂堂男子汉，却收藏了 5000 多个粉嫩嫩的 Hello Kitty。

对年糕喜欢粉红色和公主贴纸这件事，我从来没有大惊小怪过。就像那位警察大叔喜欢 Hello Kitty，是因为他一看见它就有被治愈的感觉。

年糕喜欢粉红色，就像很多小男孩有过的感受一样，是因为粉红色很漂亮啊，而且这种温暖明亮的颜色本来就更容易被孩子们喜欢。只不过，很多男孩子的粉红色情结，都被大人一句"粉红色是女孩子的颜色"扼杀了。

粉红色一开始只是单纯的粉红色，甚至 1918 年美国的一篇文章赫然写着这样的观点：粉色果敢强烈，适合男孩子；蓝色沉稳雅致，适合女孩子。

用粉色和蓝色区分性别这件事，到现在为止还不到一百年，完全就是商家为了多卖东西想出来的把戏。但是，这种从颜色开始的"理所当然"的区分、限制，现在却充斥着我们的育儿生活。女孩子和男孩子，都需要勇敢，也都需要被包容情绪、被接纳个性，我们的育儿早就应该超越粉红色和蓝色的限定了。

年糕就是一个既喜欢粉红色和公主贴纸，又喜欢小汽车和玩打仗游戏的男孩子，他也是一个有点内向、有点敏感的男孩子。就像费迪南一样，他可能并不完全符合"有男孩样"的标准。

摒弃养育包袱，接纳孩子快乐地做自己

我能理解大家期望中的"男孩样"，指的是勇敢、坚毅、果断、责任感等这些正面阳刚的品质，往长远看，父母们还期望这样的男孩子成长为一个成功的、获得一定社会地位的人，一个英雄。

当这些期望变成孩子学步摔了一跤不准哭、被女孩子抢了玩具要让步、难过了不能向妈妈撒娇之后，很明显是无视孩子成长自然规律的"不切实际"，男孩子们的内心感受就是这样一次次地被忽略、被切割的。

在一档真人秀节目里，大S和汪小菲讨论对待儿子和女儿的不同态度，汪小菲说："如果是女儿摔了一个跟头哭了，我会很心疼；如果儿子摔跤哭了，我就会觉得没什么好哭的，男孩要有男孩样。"

他的话真的太有代表性了，表达出了中国家长最典型的"男孩要有男孩样"的心理包袱，人们在教养男孩时，很容易脱口而出这种话——

"别哭了，你是男子汉，要勇敢。"

"一个男孩子这么黏妈妈像什么样子？"

"一点点事哼哼唧唧的，你是女孩子吗？"

"这都怕？你还有点男孩子的样子没有！"

其实，每次在公共场合看到男孩子们被这样对待，我是有点心疼的。

在电影的原著童书《爱花的牛》里，我读到了一段深深触动我的描写——

有时，费迪南的妈妈担心，他总是这么独自待着，会孤单的。

她说："孩子，你可以跟小伙伴们一起玩，一起跳，一起抵角啊。"

费迪南摇摇头："我更喜欢静静地坐着，闻闻花香。"

他的妈妈是个善解人意的好妈妈，她看到费迪南并不觉得孤单，就任由他自己待着，自得其乐。

在这个故事里，母亲的接纳，才是费迪南善良、温柔并且强大的原因。

坐闻花香和成为斗牛，更像是关于孩子成长可能性的一种隐喻。

我们也可以多问问自己：如果你的孩子比别人内向，如果你的孩子比别人慢一拍，如果你的孩子成绩不好……你能接纳他，让他快乐地做自己吗？

我知道，这真的很难。

毕竟，我们成年人虽然经历过很多事，但仍然做不到不在乎别人的看法。我也知道，每个人都要经历被社会塑造的过程，没有人能带着完全纯然的天性长大成人，但我希望我给孩子的，是最轻的那一锤子。

至少，我想告诉年糕：虽然你心心念念想要的粉红色挖土机妈妈真的买不到，但是下一次你过生日，妈妈可以在你的生日蛋糕上放一个艾莎公主。

工具篇
家庭树和聊天工具

家庭树

无论智商发育，还是情商建设，聊天对孩子都有着重要的意义。我们家在和孩子聊天这件事上，也一直获益匪浅。

首先，无话不说的我们，总是非常容易沟通，有了什么想法、什么问题，很快也能分享、解决。

其次，高质量的对话让我们家的"话语体系"非常丰富，不再只有命令、夸奖、批评，我也不用费力地用夸奖去交换小孩更好的"表现"。

说话，在我们家已经成为一种深层的内在交流，它提醒我：每次说话，是要让我们的心，离孩子更近一点。

但很多家长并不知道怎样和孩子聊天，除了"今天和谁玩了""在幼儿园吃了什么"，就再没有别的话题了。大多数时候，孩子对家长的这种问话，不是充耳不闻，就是不耐烦地胡乱应对几句。

怎样才能跟孩子开始一场有意义的聊天，逐渐成为和孩子无话不说的好朋友呢？

尝试每周安排一些有趣的主题谈话，就是个不错的选择。这些主题谈话可以是关于家里发生的事、最近的天气，或是由孩子的一个观察延伸出去的话题。

重要的是，每场聊天应该有一个明确的主题，和真实生活紧密相关，并且有可以充分延展的范围。而且，在每次聊天过后，最好还能让孩子做些什么来加深他对这场主题聊天的印象。

在这里，我们准备了三个聊天范本，家长们可以先试着跟孩子体验一下"愉快地聊天"的感觉。

范本一：家庭树。

在画好的树干上，从宝宝开始不断向上延伸，用手指画颜料涂抹出每个家庭成员的位置，并画上头像或写出称呼，这就画出了属于自己家的家庭树。

这样的聊天，除了让孩子直观地了解到自己家的家庭结构，还能帮助他进一步厘清家庭成员的关系。

范本二：四季认知话题。

春天问问孩子：春天都开哪些花？

夏天，西瓜、冰激凌、花裙子……带孩子一起发现一下，夏天是什么味道的，是什么颜色的。

秋天，找找落叶，看看有多少种颜色。

冬天，圣诞、元旦、新年、白雪、溜冰……问问孩子，冬天有哪些不一样的地方。

带着这些问题，带孩子到附近的公园走一走，孩子在亲近自然中，收获的将不仅是这些问题的答案。

下面列举的家庭聊天自然主题，家长可以参考，并不断发展出适合自己家庭的聊天话题。

今天的主题/问题是？
蚂蚁小道、想象中的植物
我们去了哪里？
我们收获了什么样的植物？
日 期：_____

家庭聊天时光·自定义主题

每周可以找个时间，跟孩子聊聊和家人相关的一些话题，比如下雪或下雨时，喜欢做什么事。

先让孩子说一说，再让孩子问问每个家庭成员，这样把大家喜欢做的事情收集起来。

等到下雪或下雨的时候，就可以问他是否可以一起去做某件事情。

聊天主题：下雪可以做什么？

日期：

妈妈的回答：

爸爸的回答：

爷爷/奶奶/姥姥/姥爷的回答：

PART

05

高质量陪伴的
秘密武器

我们这一代家长，在育儿上总是重视和焦虑并存：一方面知道好好陪孩子很重要，但是在陪伴的时候，情绪不够平和、放不下手头上的事、没有更好的方式去做亲子互动，这是很让家长感到棘手的三个问题。

于是从陪伴的缺失开始，就引起了一系列的连锁反应：孩子变得任性、不听话、不讲道理。父母们没有意识到，很多时候孩子这么做只是想引起大人的注意。父母在陪伴孩子时是否专注、投入，孩子是能感受到的。

其实，相对于陪伴孩子时间的长短，更重要的是家长陪伴孩子的质量。只有投入用心地陪伴孩子的父母，才能真正走进孩子的内心。

但是，对于"更好的方式"，父母们也完全不用给自己太大压力。本章就是跟大家聊聊，什么叫高质量陪伴，如何才能做到大人不累、孩子开心。读完本章，我希望大家可以得出这样的结论：放下工作我要好好陪你，做起工作我也有满满的信心！

放下手机，
才能好好陪孩子

　　有一次在出差途中，我遇到了这样一件事：在机场候机厅里，一对小夫妻各自低头刷着手机，和他们在一起的还有一个五六岁的小女孩，非常乖巧地在一旁画画。画了一会儿后，小女孩跑过去找妈妈："妈妈，你看我画得好不好？" 妈妈瞟了一眼，随口夸了一句："挺好的。"小女孩又拿去给爸爸看，结果爸爸一边挡开孩子递过来的画，一边头也不抬地念叨："哎呀，看到了看到了，自己上一边乖乖玩去……"

　　我实在忍不住了，走过去想看小女孩画的是什么。小女孩很开心地指着画告诉我："这个是爸爸，这个是妈妈，这个是我，我们一起在大海边玩，可开心啦！"听见我和孩子的聊天后，小女孩妈妈抬头冲我笑了笑，可小女孩爸爸的眼睛自始至终都没从手机上挪开过。他们不知道，自己忙着玩手机的时候，已经错过了多么宝贵的东西。

别让手机绑架了你和孩子的亲密关系

　　孩子真正属于我们的时间只有短短几年，当整天喊着"养育是一场渐行渐远的目送"的时候，为什么很多父母却不肯抽出一点点时间，认认真真地参与孩子的成长？和孩子待在一起却时刻离不开手机，这样的陪伴真的用心了吗？手机真的比孩子的成长过程还精彩、还重要吗？

当我们一边玩着手机，一边心不在焉地陪着孩子的时候，其实都没有察觉到：妈妈的情绪、爸爸的注意力，还有父母和孩子之间的亲密关系，已经全都被手机绑架了！

孩子小的时候，我们总喜欢拿玩具来逗孩子，试图引起他的注意。其实对孩子来说，比起那个新奇的玩具，他更在意的是父母！因为在孩子看来，爸爸妈妈拿起一个玩具，一定是因为他们对那个玩具感兴趣。他出于想跟爸爸妈妈更加亲近、想更了解爸爸妈妈的本能，才会和父母一起注意那个玩具。

孩子调动起整个大脑，全心全意地准备了解父母和他们的世界。他仔细倾听父母的每一句话，认真观察父母的每一个表情、每一个举动，来理解父母的意图。可是这个时候如果父母跑去玩手机了，孩子就会用哭闹的方式把他们的注意力拽回来。如果孩子经过多次尝试，爸爸妈妈还没意识到自己的问题，他就会放弃努力。因为他在潜意识里已经认定，自己在爸爸妈妈心里还没有手机重要。

所以，放下手机，专心陪娃，是我们这一届家长最基本的自我修养。

父母刷手机的那几秒，破坏着孩子未来的关键能力

说严重一点，陪孩子时刷手机的那几秒，除了破坏我们和孩子之间的联结，同时也破坏了陪伴孩子最关键、最有用、最核心的东西——

联合注意。

联合注意，就是你和孩子能共同注意一项事物的能力。在孩子的早期发展中，这种能力有着重要作用。它是孩子认知发展的关键因素，能广泛影响孩子的适应性和专注性等重要能力。

从小我们就有深刻的印象：碾轧我们的学霸，上课总是能高度集中注意力。在羡慕"别人家的孩子用心"的时候，我们总是觉得他们更自律。但实际上，真正在其中起作用的，并不是意志力，而是他们的联合注意能力。他们可以轻松地跟随老师，调整自己的注意力。

孩子调整注意力的这种能力，就取决于小时候有没有跟父母形成良好的联合注意。所以，如果父母对孩子能从小进行联合注意的培养，几乎就等于让他的智商开了挂。直接决定联合注意效果的，就是父母的陪伴方式。

我看过这样一个研究：11 ~ 14 个月大的婴儿，如果父母能用联合注意的方式跟孩子进行情感互动，他们会比没有接触过这种交流方式的孩子，认识多一倍的单词；到了 2 ~ 3 岁半，联合注意良好的孩子，持续注意能力会得到很快提升；到 4 岁时，孩子语言、探索、问题解决、互动和协作等各方面的技能，都会因为父母跟他之间良好的联合注意而有飞速的提高。

这些能力对孩子的学习至关重要，我在年糕的足球课上对这一点有了更深的领会。足球课的很多基础训练，都要求孩子能够听从并执行教练的大量指令。和不能完全领悟教练指令的其他同龄孩子相比，年糕的关注度和服从力都明显更好。后来在一项心理学研究中我才知道，在联合注意的过程中，姿势和注视起着十分重要的作用。

这两个因素，决定了父母和孩子能不能对同一件事保持同样的关注，包括从婴儿期的追视训练到幼儿期的手势指认，父母和孩子之间面对面的眼神、表情等非语言信息的交流，顺畅的你问我答，到最后和他一起探索新奇事物、培养共同的兴趣爱好……父母关注孩子、陪伴孩子、鼓励孩子的过程，都在给他注入情感力量，让他形成无限循环的良性感知。

这让我不得不感叹：当我们可以正视自己作为父母的责任，要求自己陪伴孩子的时候不玩手机，就可能抓住激发孩子重要能力的机会。

很多家长都会为手机影响孩子的视力、孩子沉迷游戏而担心，却没有反省自己，在陪伴孩子的过程中有没有投入全部的情感和关注，作为父母，有没有给孩子做好榜样。

不要再把心不在焉的"陪着"当作陪伴了！父母和孩子在一起的每一分钟，都是在用自己的言传身教给予孩子潜移默化的影响。

每个孩子都渴望获得父母的关注，爸爸妈妈关切的目光，才是孩子愿意变得更好、更努力的助推器。哪怕你只能心无旁骛地专注五分钟，全心地跟孩子互动，也好过你在他身边时不时刷两下手机，人在心不在地坐上两小时。就算没有某种目标和能力，认认真真陪孩子长大这件事，本身不就是世界上最不可思议、最激动人心的事情吗？

孩子睡觉前听的每个故事，都应该是爸爸妈妈给他讲述的；让孩子快乐的每个游戏，都应该是爸爸妈妈陪他一起做的；给孩子的每个肯定和赞美，都应该饱含肯定的情感温度。

放下手机好好陪陪孩子吧，他只能长大一次。

亲子阅读——
再忙也不能少的十分钟

之前看过这样一句话，我印象十分深刻：父母的保质期只有十年。意思是说，如果孩子小时候被父母忽略，那么他长大之后也不会和父母保持亲密。

作为一个工作忙碌的家长，看到这样的话，难免心头一紧：我忽略小孩了吗？仔细想想，其实没有。作为孩子最好的朋友，年糕的每一种情绪、每一个想法我都能感知和理解；满满的安全感，也让年糕不会因为我的离开而焦虑。这一切是因为我一直在有限的陪伴时间里，坚持一种高情感浓度的陪伴方式——亲子阅读。

亲子阅读是我和孩子保持亲密的一个非常重要的秘密武器。不管再怎么忙碌，每次出差回来，我都会非常投入地跟年糕一起读书。每次买回一本新书，如果我先给年糕讲过，而且讲得很生动，那么他开始几天是不乐意让别人再讲这本书的，一定要让我讲。他说："这是我和妈妈的书。"每当他抱着我的脖子不让我离开时，我都能看到他饱满的情绪在流淌。

毫不夸张地说，亲子阅读这件事在我们家，就像吃饭一样重要。越认真坚持，就越能感受到它给予孩子安全感和联结亲子关系的神奇力量。因为，真正决定亲子关系质量的，并不是陪伴的时间长度，而是情感浓度。

亲子阅读，了解、修复孩子情绪问题的最好方式

很多妈妈会因为孩子的情绪问题而感到头疼又无奈。孩子的内心非常敏感，但是因为大人没察觉，他自己又讲不清楚，只能用哭闹来表达。面对这种情况，家长需要做的就是了解孩子的情绪问题，并帮他找到情绪出口。

绘本就是最好的道具。

记得年糕小时候，我们经常一起看宫西达也的一套小卡车系列绘本，其中有一本《小红与小黄》，书里有这样一个细节：小黄的急刹车把小红吓了一跳，她结结巴巴地问："怎、怎、怎么了，小黄？"

和年糕看的时候，我故意结结巴巴地读，惹得他哈哈大笑。

后来这句话，就变成了我们两个之间的暗号。有的时候看他不太高兴，我就会故意结结巴巴地问他："怎、怎、怎么了，年糕？"他马上就会笑了。

爷爷奶奶都看不懂我们在做什么，这是属于我和年糕的小暗号。我是在告诉他：我看到了你、我在关心你，而能让他很快接收到的那句"怎么了"，就是我在他内心入口留下的一扇门。

通过亲子阅读，孩子在书本提供的平行世界里向我们打开心扉。

比如有时候，年糕白天在幼儿园哭了，但又不肯说原因，于是睡前我给他讲《谁藏起来了》，看到小猪或者小狗哭了时，就会和他一起讨论：它为什么哭呀？是玩具被人抢走了，还是别的什么

原因?

通过绘本，让他"看"到了情绪的模样，理解了是什么让他觉得生气、失望或者愤怒，他就很容易将白天遇到了什么事、有什么样的感受讲出来。

睡前的绘本沟通，能在温馨平静的氛围中让孩子修复白天的情绪。我们可以很快发现孩子的情绪问题所在。这样养成习惯后，睡前的绘本沟通就会成为一个情感交流的入口，让孩子习惯于在那个时间和你交流内心的想法。通过这种交流，亲子间的关系自然会越来越亲密。

亲子阅读，让爱有了更好的表达方式

对孩子来说，是永远不嫌爱多一点、再多一点的。爸爸妈妈爱的表达，会让他更确定自己被爱着、被肯定着。

但很多家庭对表达爱这件事，还是很含蓄、很吝啬的。除了直白地和孩子说"我爱你"，又有什么更多、更好的方式，让这份情感能够源源不断地流淌、丰沛起来呢?

我在陪孩子读书的过程中找到了答案。

在给年糕买的书里，有一本绘本《宇宙掉了一颗牙》。故事里，一个爸爸带换牙期的孩子去看 75 年一遇的哈雷彗星。在旅途中，小男孩睡着了，梦到了哈雷彗星。彗星说自己是宇宙掉的一颗小乳牙，而每颗小乳牙都储存了很多美好的记忆。于是小男孩和爸爸约定，75年后再一起看哈雷彗星。

书的最后一页，是一张去看哈雷彗星的邀请卡，时间是 2061 年。

在这张邀请卡上，我填上了年糕的名字。我们约定，2061 年要一起去看哈雷彗星。我们开始兴致勃勃地计算，到时候年糕多少岁了、爸爸多少岁了、妈妈多少岁了。年糕还说，他要开车带我们去看，车上还坐着他的小孩……

这样讨论了很久很久，甚至后来很多个晚上，我们还会延续这个话题继续讨论，每次谈论满满的都是关于未来的承诺和期许。在这种讨论中，我们自然而然地表达着我们对彼此的爱。

绘本《团圆》则让年糕对家庭和亲情有了最初的理解。这个绘本讲述了一个关于在外打工的爸爸过年回家和孩子团圆的故事。故事里，那枚包在汤圆里的"好运硬币"的传递，则象征着爸爸和孩子之间爱的表达和传递。

陪年糕读完这本书之后，每次吃饺子的时候，他都会问今天有没有"好运硬币"；有的时候还会自己找一枚硬币，刷得很干净很亮，让我们放到饺子里。从年糕对待这个小小仪式的认真态度里，我看到了他对"家"的理解，以及他对我们的爱。

在孩子成长过程中，他最需要的，是一个通过故事走进他心里的人，能胜任这个角色的，只有父母；而能采用的最好方式，就是阅读。每次出门，我们一定会带两本书：堵车的时候，我会给年糕讲几页书；在餐厅等上菜的时候，我也会给他讲几个故事；有时去商场没书，我就带他去旁边的书店，让他自己挑一本。随时随地拿出一本书，和孩子共读，孩子都会很开心。因为有了爸爸妈妈的陪伴，读书可比玩手机棒多了。正因如此，我们也不会担心孩子会沉迷手机、电子产品了。当你认真做好亲子阅读这件事后，你会发现除了知识和情感，你给予孩子的陪伴和关注越多，孩子就会离你越近。

趁孩子的世界只有你的时候，走进他心里；那么在今后的世界里，他才会永远把最宝贵的位置留给你。

一起运动，

养育自信、快乐的孩子

　　有一次参加一档综艺节目录制，其中一个幼儿园大班的孩子给我留下了深刻的印象。这个孩子踢足球很棒，意志力和表达力更棒。对于足球训练的辛苦，他是这么对主持人说的："踢足球有时候会受伤，比如手被划破皮什么的，但是坚持踢，比赛就会赢。"

　　看起来，这真是个让人羡慕的"别人家的小孩"。然而跟这个孩子的妈妈交流后我才知道：他原来也是个瘦得弱不禁风的孩子，阳光的性格和结实的身体，都是这两年坚持踢足球带来的巨大变化。

　　所以，没有人生来就强大，如果你想让孩子变得强大、自信和快乐，最简单的入口就是运动。一项擅长的运动，真的可以给孩子带来自信和很多快乐。

运动，让年糕成功逆袭

　　年糕小时候，运动发展一直明显落后于同龄的孩子：九个半月开始爬，十五个月才会走路；在身材上，他也比同月龄的孩子瘦小。

　　正因如此，我们一直鼓励年糕运动。我们希望他从中找到自己的兴趣，更希望运动的力量感的体验能为他注入自信。

年糕不愿意尝试，我们就陪他一起运动；没有找对合适的运动项目，我们就一个个尝试。终于在年糕两岁的时候，速度、力量都偏弱的他，在平衡车这个对平衡感要求很高的项目上，第一次展现出了他的运动能力。

发现自己也有能做好的事，年糕终于被点燃了练习热情。在爸爸的陪伴和努力下，两个月后他成了小区里骑平衡车最好的孩子。更重要的是，平衡车对核心肌肉群的力量训练，以及身体协调能力都有非常大的帮助，之后年糕学骑自行车的时候，很快就掌握了平衡，可以骑着拆掉辅助轮的自行车上路。这让他获得了极大的自信和快乐。

年糕上中班之后，幼儿园对跳绳、拍球之类的体能项目有了要求，为了达到要求，年糕需要经常在家练习。不仅如此，年糕在课余时间还参加了足球和网球训练。但是，不管是幼儿园的体能项目，还是足球、网球训练，虽然练习过程都很辛苦而乏味，但年糕都坚持下来了，并且表现得都还不错，比如拍球成绩可以保持在全班前十名，而在足球训练方面也能完成教练的指令和要求。

最重要的是，为了达到自己的目标，他愿意去努力，且非常享受努力的过程。抱着成功的信念、享受奋斗的快乐，无论最后成绩如何，他总能从运动中获得自信和快乐。

从之前身体、体能条件不尽如人意，到现在积极快乐地参加自己喜欢的运动，并表现良好，年糕成功实现了逆袭。

擅长的运动，让年糕变得自信、快乐

进入集体生活之后，孩子会开始在意别人的看法，并从中建立自我评价、建立社交关系。这个阶段，如果孩子掌握了一个可以肯定自己的技能点，他将有很高的自我评价，在社交关系中表现得更自信。在年糕开始上幼儿园后，我对这点有了更深的感受。

刚上幼儿园的时候，年糕放学后不愿意和同学们一起走。后来我弄清楚了其中原因。年糕当时就读的幼儿园就设在小区里，很多孩子放学后会骑滑板车回家，不过年糕发现那些孩子滑板车都比他骑得好，心思敏感的他就有点受挫，不愿跟他们同行。

不过有一天，当他发现同学们都还在骑带辅助轮的自行车的时候，之前的挫折感顿时烟消云散："我自行车骑得比他们好！"

此后，年糕经常会骑着不带辅助轮的自行车去幼儿园，还会有模有样地给大家传授经验："我妈妈说了，可以先练平衡车再去骑自行车！"

如何利用运动，"规划"孩子的自信和快乐

我一直相信，自信和快乐是可以被规划出来的，而最简单的入口就是运动。无论哪种运动，都能给孩子带来好身体、好体能。拥有好身体的孩子，更容易自信和快乐，不会因为一次遭遇失败就放弃，也

不会给许多成长机会自设藩篱。所以，自信和快乐对孩子非常重要，也是我最希望年糕拥有的品质。

而想要养育一个自信、快乐的孩子，可以从规划每日的运动开始。比如，2～3岁的孩子适合骑平衡车、玩球等；4岁以后可以练习舞蹈、跑步、跆拳道等；再大一点，可以参加一些强调团队协作的运动，比如足球、篮球等，能让孩子享受更多被认可的乐趣。

此外，在家庭周末活动中，可以增加一些户外元素，比如春天放风筝、夏天玩水、秋天爬山捡落叶等，这些活动都是在大自然中锻炼孩子的好机会。

还有关键的一点，不要给孩子否定性的评价，比如，"别拿滑板车了，他玩不好""他体质不好，别让他累着"。父母否定性的评价，对孩子的自信而言，不亚于杀伤性武器。很多时候，孩子的"不行"不是真的不行，而是父母的态度让他认为自己不行。每个孩子的能力发展都有自己的节奏，暂时性的落后很正常。如果父母总是有意无意地流露出孩子"不行"的态度，孩子就会渐渐将这种态度融入对自己的评价，慢慢地，遇到做不成的事情时，他就把原因归结为自己不可改变的因素，进而放弃继续尝试的勇气和信心。心理学上把这种现象称作"习得性无助"。最终让孩子学会否定自己的，正是父母挂在嘴上的一个个"不行"。

我不希望将来年糕给自己的评价只有，"反正我就是身体不好、运动不好"，所以无论什么时候，我们都不会说"年糕运动好像不太行啊"。

　　让孩子拥有一项喜欢的运动，或培养孩子运动的习惯，是家长送给孩子的一份人生大礼包，而这个大礼包可以让孩子拥有更健康的体格、更强韧的性格、更多的自信和快乐。这些不正是我们希望孩子拥有的吗？

一起旅行——
亲子关系的急救包

　　年糕 6 个月大的时候，我们带他开始了第一次亲子旅行。转眼他 5 岁多了，我们的亲子游越走越远，从国内走到了国外，欧洲的古堡、北海道的白雪、澳大利亚的阳光沙滩、加拿大的红枫等，都给我们留下了难忘的回忆。

　　带着小朋友去旅行，当然是不容易的。而且，走得越远，就意味着离家的时间越长，面对的挑战越大。我们不仅常常要面临十几个小时的路程，还会遇到很多让人手忙脚乱的"小插曲"。比如，某天出游遇到自行车比赛封道，害得我们绕了好远才到达目的地；我们好不容易去到向往已久的奔驰博物馆，小朋友却突然开始拉肚子，我们各种找厕所、跑厕所；还有早上出门迟了，导致预订好的参观券过期，最终只能重新排队购票……

　　很多人不明白我们干吗要自讨苦吃，会问：孩子那么小、这样奔波真的有意义吗？其实，和旅行的快乐相比，旅行中的那些苦都不是事儿！在收获了满满的回忆和感动之后，我非常确定：每次出发，都有着不一样的意义。

24 小时的亲密陪伴——最有效的亲子关系急救包

让我感触最深的，是在年糕 3 岁半时，我们去北海道的亲子游。

那一年，我的人生开启了两倍速，每天被各种演讲、拍摄、出差轮番轰炸，连路上都在对方案、看稿子。工作量满到爆表的时候，"晚上来不来得及回家陪年糕吃饭"的焦虑，始终是笼罩在我头顶上的一团阴霾。

"工作弄好了，孩子就毁了"的撕裂感，让我每分每秒都在怀疑：我是不是马上就要撑不下去了？

刚好元旦的时候，闺密发来了去北海道旅游的同行邀约。怀着对年糕深深的愧疚，我决定给自己放个假，也把妈妈还给他。

在路上，我终于可以认认真真地和年糕聊聊天，向他解释妈妈为什么总是这么忙、在忙些什么。我告诉他，无论我有多忙，他在我心里始终是排在第一位的。在彼此的理解中，我们约定慢慢安排好之后的工作和生活。

在北海道旅行的那几天，我真的抛开了工作，全心全意去做答应他的每一件事。每天陪着年糕看雪景、堆雪人、打雪仗，在冰天雪地里疯玩撒野。

在旅行中，我能感觉到，孩子是在用最大的宽容来配合我们的东奔西跑，一觉醒来就开开心心，吃到好吃的就满血复活。他真的喜欢跟爸爸妈妈待在一起呀！他真的享受整天和我们腻在一起的生活呀！

毫无疑问，旅行就是修复亲子关系的急救药。没有什么情感修复方式，比 24 小时不间断的陪伴效果更好了。

在纯净的冰天雪地里，整个世界好像只有我们三个人，亲子间看不见的断裂在悄悄修复，亲密感把我们重新紧紧联结在了一起。

在亲子旅行中，被治愈的不只是孩子

在北海道郊外的滑雪场上，年糕逐渐消除了我内心那种"工作弄好了，孩子就毁了"的撕裂感。

高高的雪道上，年糕一次次地摔倒，又一次次地站起来，自己拖着滑雪板爬上去，笑嘻嘻地对我说"妈妈，我再来一次吧"，反反复复滑了二十多次。这是年糕 3 岁半的人生中，体力最好、表现最勇敢的一天。我也第一次看到这么勇敢、这么自信、这么充满活力的儿子。

虽然之前有很多纠结，但我看到了，孩子终究会按自己的节奏长大。更让我释怀的是，他让我相信，就算我不能亲自料理他的一日三餐，我依然可以用别的方式去影响他、陪伴他，成为能让他骄傲的、最亲密的好妈妈。

我永远忘不了那天，年糕冲进雪地大声对我说："妈妈，谢谢你带我来看雪，我好喜欢这里。"

那一刻我深深体会到：兴奋的是孩子，但得到感动的是我自己。原来需要被爱和感恩治愈的并不只是孩子，还有因为生活和工作的压力而疲惫不堪的自己。

孩子的力量，远远超出我们的想象。他细腻的情感，对世界的敏感，都能点燃我们这些迟钝大人的热情。

亲子旅行，让爸爸拥有深度的身份体验

和我相比，也许糕爸在亲子旅行中的收获更多——我们的每次出行都是父子关系的"增稠剂"。

爸爸并不天然就是一个好爸爸。曾经的糕爸，为了逃避晚上照顾年糕宁愿睡书房，总是想着法子把他甩给我或孩子的奶奶。年糕饿了脏了，他都不知道该怎么办，更谈不上什么高质量的互动。

但是旅行的时候，没有了老人帮忙，我又要收拾，还要忙很多事，糕爸自然就站到了陪娃的第一线。带娃这事，也是需要练习的。糕爸一开始的羞怯、手忙脚乱、大男子主义，都能被"赶鸭子上架"这种药治好。

比起妈妈的谨慎、细腻、啰唆，天生爱玩的爸爸一旦卸下了"带娃这种事好婆妈"的包袱，完全是一个满分的玩伴。

现在我们每次出行，糕爸都成了带娃主力，不仅全包了跟体力相关的活儿，在陪玩、讲解上也毫不示弱——带年糕出海观鲸的时候，糕爸一直蹲着，陪被船舷挡住视线的年糕小声聊天；晚餐的时候，当年糕问起"鱼卵是怎么变成三文鱼的"，糕爸马上停止用餐，拿起纸笔给年糕边画边讲解；在蹦极时还能保持微笑的糕爸，在年糕眼里简直是个了不起的英雄。

我常常走在后面，看着前面爷儿俩一边玩一边笑的样子，心中充

满了感动。

孩子，有这样的爸爸陪你长大，你一定感觉很幸福吧?

亲子旅行中、放松的状态、亲密的陪伴、新鲜的体验，都释放出了能让情感充分共振的能量。

比如在旅行中，我和糕爸出现意见分歧，每次我一着急，年糕就会冲到我身边，说"妈妈，我抱抱你，你就不生气了""妈妈，我是你的小甜心"。

比如在斯里兰卡，我一直担心路途的折腾、吃住的落差会让年糕不喜欢这里。没想到返程的时候，他大声告诉我："我永远永远也不想回家，我想在斯里兰卡再玩一千天!"回来之后，老师问他旅行好不好玩，他回答说："好玩的，因为能跟爸爸妈妈在一起。"

你看，孩子最在意的，永远都是爸爸妈妈的爱和关注。

带孩子旅行当然能让他开眼界、长见识，不过我最看重的，还是专注的陪伴和爱能填满告急的"情感账户"，让孩子拥有满满的爱和安全感。

所以，哪怕现在我的肚子里多了一个小发糕，我们也早就决定：在他／她三岁之前，长途旅行还是会以年糕为主，在路上，他还能拥有专属于他的"独生子时间"。

亲爱的宝贝，很荣幸成为你的旅伴。

带孩子去博物馆，
一百次都不嫌多

　　我家有个惯例：每个周末至少安排一天时间，带孩子去参加户外活动。没想到 2019 年一开春，就遭遇了一场连下三个月的雨。没有了户外活动的孩子，就像蔫掉的花朵，特没精神。怎么办？去商场？去室内游乐园？

　　不要，我们还有更好的选择——博物馆。

　　对逛博物馆这事，我们全家都有着极大的热情。杭州有很多特别棒的博物馆，我们仨几乎已经逛遍了；每到一个城市，我和糕爸都要去当地的博物馆看一下。当我们走了很多路、去了很多地方以后，年糕已经把博物馆视为和哈利·波特魔法学院一样神奇的地方。

　　对我来说，带孩子逛博物馆最深的感触是，亿万年浓缩的光阴和人类的智慧，会让成年人也生出难得的谦卑心来。在这里，我把自己当成年糕的小伙伴，和他一起揣着好奇和渴望，去发现许多平时没有留意的乐趣。

从兴趣点入手，让孩子爱上博物馆

　　很多人会对带孩子去博物馆抱有疑虑：孩子几岁去合适？那些艰

深的知识他能懂吗？孩子对博物馆的热情，也许不像对游乐场那么高昂，但绝对可以被培养，我的心得就是从他的兴趣点下手。

我们第一次带年糕去博物馆是在他 3 岁的时候，当时特意选了他最感兴趣的汽车主题的博物馆。站在占据着整整七层楼的汽车博物馆里，钢铁小直男脸上那幸福的样子，简直比夸妈妈漂亮还真诚！这个时候我才不在乎他能认出多少车型，又能记住多少机械原理。最重要的是，他有了一次愉快的博物馆初体验，也知道了逛博物馆的规则：保持安静，遵守秩序。再说，带孩子去博物馆，哪怕不能完全从他的兴趣出发，也能先给他一个丰富适度的外部刺激和浸入式体验。按糕爸的话说：让孩子在博物馆发呆，总比在商场瞎跑强吧。

只要孩子大脑里有了关于博物馆的概念：一个很大很大的房子里摆了很多很多东西，他就有机会在今后慢慢填补上自己的博物馆体验图谱。

和孩子一起出发，才是逛博物馆最大的乐趣

比起如何让孩子爱上博物馆，更重要的是我们要自己先爱上博物馆。我的方法就是跟孩子一起回到面对世界的空白状态，感受"哇，这个真的好有意思"的乐趣。

孩子对新知识的热情，真的比我们想象的大得多，反而是我们这些成年人，往往封闭了自己对知识的入口。所以，带年糕逛自然博物馆的时候，我一点也不贪心，我们会花很长时间只逛一间展厅，耐心

地陪他看任何他感兴趣的东西。比如，当我们看到鹦鹉螺的介绍时，说到它是潜艇的原型。年糕就觉得特别有意思，缠着我问潜艇设计的原理。虽然知道大概是怎么回事，但要想向他解释清楚，好像也没那么容易。我们只能通过手机现场查询资料，给年糕恶补一番。回来后，我又买了一本叫《水下地下》的绘本，里面详细地图解了潜艇的设计原理和构造，我们还约定好下次再去仔细逛海洋馆，海洋馆里可是有中国潜艇"蛟龙号"的模型呢！

博物馆，让孩子领略更生动的世界

在《三联生活周刊》的一期报道中，美国一位母亲谈到带女儿参观博物馆的感想时说："展品其实在启发思考，在开启不同时间、不同空间之间的对话。"我对这个说法有切身体会。之前我们去新西兰旅行，年糕曾为一个问题困惑很久。因为当时导游讲了一个故事，他说那里原本是一座荒岛，但早期欧洲移民登岛的同时，把兔子也带到了岛上，繁殖能力惊人的兔子很快泛滥成灾。为了治理兔灾，人们就通过引进鼬（黄鼠狼）来控制兔子的数量。

当时这个故事让年糕很生气："小兔子那么可爱，人们为什么要故意放坏家伙来吃掉它？"无论我们怎么解释，年糕就是不能理解，可爱善良的小兔子到底做错了什么。最后这个让他耿耿于怀的问题，也是在我们逛一个自然博物馆时找到了答案。那个展馆里展示了一个完整的生态系统——从一株植物依靠光合作用生长，到食草动物、食肉动物，再到动物的尸体回到泥土、变成植物的养料。

我们告诉他，如果老虎和貔这样的食肉动物不吃小动物，那么它们这个种群就会饿死，生态系统里就会少掉一种动物。这样兔子的数量就会变得很多很多，森林里的植物就都被兔子吃了，整个环境就会因为这样遭到破坏。食物链上的每一种植物、动物都有它存在的意义。

年糕这才第一次了解到，原来小兔子被貔吃掉也是一件重要的、有价值的事情。再回顾在新西兰听到的那个故事，他进一步理解了为什么人类要对大自然的生态保持敬畏。

逛博物馆这事儿，完全可以跟阅读一样，成为一种带孩子认识世界的常规方式，而且它更大型、立体、丰富。尤其当孩子有了一定的阅读量时，他在书上看到的知识能在博物馆中得到印证；或者逛完博物馆后，我们再去延展相关主题的阅读，那乐趣几乎是翻倍的。

现在，年糕的博物馆参观经验已经很丰富了，我们也开始尝试带他去看有人文历史故事的博物馆。在新西兰，我们参观了一个移民博物馆，里面有一间黑黑的屋子，墙上有很多名字，我们告诉年糕，那些名字属于在一场战争中死去的人。年糕听后愣了一下，问我："打仗要死这么多人？"我也终于有机会跟这个每天喊着"要打仗"的孩子，谈一谈战争是怎么回事了，以便在他心里种下一颗"爱与和平"的种子。

无论是增进亲子关系、开启认知，还是拓宽眼界，博物馆都是育儿难得的"风水宝地"。但我经常会遗憾地发现，很多家长虽然也带孩子去博物馆，却白白把这个机会浪费了。他们通常不是让孩子和各种庞大的动物标本拍照，就是为了节省时间走马观花地逛；还有些人更是干脆任由孩子在博物馆里奔跑，自己在一旁沉迷于手机游戏。比起做一个引导者，他们更多时候只做到了一个监督者的角色，这样又怎么能让孩子和自己获益呢？

在博物馆里，被时光淬炼过的珍贵器物，是启发孩子思考的绝佳道具。博物馆本身，更是带孩子突破四维空间，得以用过去照亮未来的神奇所在。华盛顿儿童博物馆有这样一句格言："我听见就忘记了，我看见就记住了，我做了就理解了。"

不用担心天气，不用担心孩子不喜欢，博物馆就在那里，出发就好啦!

一场好电影，
让大人和孩子一起做梦

"你知道吗，大人已经看不见龙猫了，只有小孩能看见。"看完《龙猫》，我蹲下来跟年糕做了个认真的约定，"如果你看见龙猫，要告诉妈妈噢！"

2018年冬天，宫崎骏三十年前的动画电影《龙猫》终于在国内上映，对于这种经过时间验证的经典作品，我毫不犹豫地带年糕进了电影院。

感谢神奇的龙猫，给了我们一次完美的电影院体验。

一部好电影，让大人和孩子一起做梦

年糕出生前，看电影是我和糕爸度过周末夜晚很常见的方式。年糕出生后……嗯，也一样。那些在年糕睡着后两个人偷偷跑去看电影的夜晚，是我们逃离日常生活的一个出口。

"什么时候可以带年糕一起去看电影呢？"这个问题很早就开始在我脑子里盘旋了，年糕4岁时，当他和糕爸看完整部纪录片《地球：神奇的一天》后，我觉得，他应该已经做好准备了。

年糕4岁半时，我们去电影院看了《龙猫》。它几乎符合为低龄孩子进电影院观影的所有标准：时长 86 分钟、纯暖心、无暗黑情节、无打斗场面、无反面人物。据说《龙猫》是宫崎骏送给自己孙女的，那也就不难理解，它为什么能给低龄儿童带来特别好的体验了。在宫崎骏的所有动画片里，《龙猫》是最纯真的。

故事以两个小女孩的视角展开，软萌的龙猫、奇幻的猫巴士、细腻的乡间风景、温暖的乡土人情，故事推进的节奏、影片对细节的处理，都可以让 4 岁左右的低龄孩子完全融入其中。

当看到两个小女孩的妈妈住院，年糕就很担心地问我："她们的妈妈到底生了什么病啊？"

小朋友看电影其实会比大人想象得更投入。后来我带年糕看哆啦A梦大电影，因为有主角被反派抓走的情节，他担心得不敢看，坚持要离场——毕竟孩子还不知道这一切都是套路。他们为动画片里的人物担心、难过，或是流下眼泪，都是百分百的真情实感。

像《龙猫》这样没有强烈冲突的电影，就很适合孩子看。虽然妈妈生病这件事，在孩子的世界里是一片巨大的阴影，但是龙猫带来的力量和温暖击溃了黑暗，年糕担心得皱起的眉头也很快舒展开了。

对大人来说也是一样，《龙猫》提供的观影感受很特别：不需要思考，只需要跟随本能，感受温暖和幸福。

这也是我第一次在电影院看到这样的场面，虽然满场都是乱讲话乱笑的小孩，但是一点都不讨厌，还和电影几乎融为一体。后排观众问："这是龙猫吗？"前排观众激动地喊："是的，是的！"等到小女孩们和龙猫一起用魔法让橡树长高、跟着龙猫飞上天空的时候，满场都是"哇"的感叹声。

在冬天的黄昏看完《龙猫》的感觉，就像泡了个温泉，从头到脚都暖洋洋的，我们还带着这种心情去吃了一顿火锅，然后手挽手唱着电影里的主题歌《豆豆龙》回了家——简直是完美的一天。

带孩子进电影院前，先做好这些功课

想让孩子有完美的电影院初体验，家长还是应该做得更多一些。很多人第一次带娃进电影院时，都有过灾难般的体验：孩子坐不住、吵闹、踢前排座椅，甚至失控满场跑。之所以会出现这样的局面，大多数情况下不能怪孩子，是大人的功课做得不够。

带孩子进电影院前首先需要做的，毫无疑问就是选片。

国内的院线没有分龄、分级制度，我见过很多家长的错误做法。比如，有的家长带孩子观看时长三个小时的《复仇者联盟》，还有的家长带孩子观看全程激战的《红海行动》……

为什么带孩子看这样不适合他们看的电影？甚至还有出现在深夜场恐怖片观影席的小朋友，简直让人心疼。家长自己再想看电影，也不能这样乱来吧！

在过去几年的育儿文章里，我强调过很多次，给孩子看的电视、网络内容，都要经过专家筛选、把关，而给低龄的孩子选电影，更应该是一件特别严肃的事情。

哪怕是大品牌出品的动画片，也不能闭着眼睛就买票，尤其是在这几年很多动画片剧情和主题越来越成人化的情况下，我朋友就吐槽过自己带孩子去看《赛车总动员3》的心理历程——

一开始我想的是，皮克斯出品必属佳品。《赛车总动员》前面两部既爆笑又热血，男孩子天然喜欢赛车啊，肯定没错，去看吧。结果，看了五分钟后我发现，这片子的主题竟然是"天才赛车手的英雄迟暮"，对小朋来说，略深沉啊！半小时后，我发了个朋友圈吐槽"带孩子看了部适合给大人看的动画片"。

别的不说，这两年就连《熊出没》的动画大电影，都表现出很强烈的创作野心，开始探讨环保、科技进步、父子关系这样的深刻主题。孩子进电影院后只会有一个想法：妈妈，这和我想的不一样啊！

所以，如果选不到《龙猫》这样既符合大人审美，又能深深打动孩子的完美电影，那就要挑类似《托马斯和他的朋友们》系列、《巧虎》系列、《小猪佩奇》这种大IP的剧场版，时长控制在80～90分钟，不要挑战孩子的耐心和膀胱。

对家长来说，还有一个很重要的心理准备：做好浪费电影票的打算，如果孩子不喜欢，不能坚持到最后，在打扰别人之前，带他离场。

选到合适的电影之后，可以提前三天给孩子做好足够的铺垫。

去看《龙猫》前，我给年糕看了预告片，向他介绍龙猫，顺便问他："周末要不要和我一起去看《龙猫》啊？""当然要啊！"小朋友对这种软萌的生物是没有抵抗力的。然后我们又一起听了两遍《豆豆龙》，年糕还学会了唱其中的一句："人人心中都有豆豆龙！"

整个后半周，年糕都是在"一起去看《龙猫》"的期待中度过，甚至对我要加班都愉快地接受了：妈妈赶完工作，周六我们就可以去看《龙猫》了！

在孩子的期待值爆表的同时，我也不停地给他灌输看电影的规则：要安静，不能打扰别人……虽然《龙猫》的现场乱了套，但是年糕在电影院里的良好表现，超出了我的预期。

从此以后，每次看电影前，我都会先和他一起看预告片，让他参与决策，并拥有一票否决权。而且，每次看完一部好电影后的那个星期，我们每晚睡前还会聊一聊剧情，通过重温这些温暖的、让人感动的片段继续把梦做下去。

直到现在，我们路过池塘，年糕还会说："那把荷叶，很适合给龙猫当雨伞啊！"

我看过一本真正厉害的育儿书，是一位女作家和她儿子的书信集，它展现了孩子成年后亲子关系最完美的可能性：无话不谈，荤素不忌。

成年的孩子给妈妈的信里，会花很长篇幅去描述最近看了一部什么电影、它讲了什么、对他有什么触动。而这，也是我梦想中的场景：今后某一天，在年糕长大后，我们能像真正的朋友那样，一起分享各自喜欢的电影，去做一些触及灵魂的交谈。

为了达成这个愿望，就从现在开始带孩子去看电影吧！

一起玩桌游，
在笑声中激发头脑活力

每天面对孩子，总会有不知道该一起干点什么的困惑，除了陪看书、看动画片，还有什么事是可以陪孩子一起做的？

我家有一项经常进行的活动——桌游。

桌游，就是桌面游戏（Board Game）的简称，它源于德国，现在流行于世界各地。它之所以流行，不仅是因为它折射了这个世界最普遍的规则，还充满了轻松的场景、大家熟悉的故事，是人与人之间很好的黏合剂。家人围坐在桌边，不需要电源，不需要网络，在遵守游戏规则的前提下，扮演各种角色，斗智斗勇，一轮游戏玩下来，在欢声笑语中，彼此的感情拉近了不少。

亲子在玩桌游的过程中，家长放下了总板着脸教训人的身段，孩子也不再只盯着电子屏幕，在熟悉规则、斗智斗勇、体会输赢间，给予彼此最好的陪伴。

桌游的选择

桌游听上去很高级，但其实我们小时候玩的七巧板、跳棋、大富翁，都是桌游，只不过现在的桌游已经经历了无数次迭代。

因为我工作的关系，年糕很早就当上了桌游体验官，有条件接触到很多新的桌游玩具。陪他玩过之后，我会挑选一些留下来，桌游就这样慢慢成为我们日常生活的一部分了。

关于桌游挑选的标准，我一般遵循"寓教于乐"的原则，选择能开发、培养年糕各种能力的桌游。比如：

培养逻辑思维和观察力：兔宝宝魔法箱、三只小猪、塞车时间。

训练记忆力：胜在有脑。

训练专注力：TOI 小手电找找看、Smart Games IQ 系列。

训练语言、想象力：火星猪之故事大爆炸、Mighty Mind 磁力拼图。

培养数学思维：小狗天平、TOI 热带鱼数独游戏。

训练逻辑思维：火星猪之数字龙卷风。

培养想象力和创造力：弥鹿 9 合 1 经典拼图。

除了适合年糕外，挑选桌游还有一点我很看重：我也能玩得很开心！

说真的，即使我们再明白陪孩子的时候要全身心投入，做到有效陪伴，但是孩子乐此不疲玩的事情——蹲在路边看蚂蚁一个小时，捡一口袋不同形状的石头，用玩具枪对战，真的是属于孩子才懂的乐趣，大人很难走进那个世界。玩桌游很解压，恰恰就是我喜欢的事。

年糕 3 岁以后，我们的陪玩时间有了一个"潜规则"：做一件小孩喜欢的事，再做一件大人也喜欢的事。

让孩子正视困难，玩桌游是最好的演练场

随着孩子年纪的增长，我们开始玩一些比较烧脑的桌游。

比如，我跟年糕都很喜欢的一款桌游——塞车时间（Rush Hour）。它有很多张难度不断升级的任务卡，要通过挪动车辆的位置把卡在停车场里的特殊小车弄出来，需要不断去试错。

一开始的任务容易，我还能"居高临下"地管住自己，不去提醒年糕，或者巧妙引导他一下。等到困难模式，我跟年糕一起犯难："我不会啊，怎么办？"

这时候我就老老实实地告诉年糕："妈妈也不会，但是妈妈很想做出来，我们可以多试几次。"多试几次，无非就是按照一定的规则试错，这时候我需要自己抵御住想要上网搜攻略、去背后看答案的诱惑。

年糕当然不知道网上有攻略，背后有答案，他只是眼睁睁地看着妈妈，跟自己一样，磕磕绊绊才能答出一道题，他的心似乎也能因此跟我走得更近一些了。

当我成功完成任务时，年糕会陪我一起欢呼，他表现出来的那个感动和激动是非常真切的。看到我的亲身示范，5 岁的年糕特别信服：世界上本没有天才，练习得多了，才可能诞生天才。

希望将来，在遇到任何想放弃的事情时，他都能记住这一点。

孩子在桌游中学习尊重规则，体会输赢

玩桌游并不总是愉快兴奋的，当游戏出现输赢的时候，考验来了。

我们玩的纸牌游戏"数字龙卷风"，有点类似接龙游戏，需要出数字一样或者颜色一样的牌。一开始年糕赢了两局，非常得意，但是第三局快输的时候，他就不高兴了，嚷嚷着"不算不算"，扔掉自己不想要的牌，还想抢我们手上的万能牌，这种时候，护着孩子的奶奶还会跳出来说："小孩子嘛，你们让让他怎么了！"

但是我不答应。我认真地告诉他："你想要玩得开心，就要去熟悉规则，而不是去追求特权。每次都拿到万能牌，没什么意思的。"

在玩游戏的过程中，小孩自己可以体会到：规则就是规则，不会因为你不知道、不了解、不熟悉，它就可以不存在或是改变。

大人和孩子玩这种需要一定技巧的纸牌游戏之所以容易赢，与其说是有智商优势，不如说是大人更容易很快地理解规则。一开始我让着他，可以让他先熟悉这个游戏并产生兴趣，这对孩子获得游戏掌控感很重要，但是我会先示范给他一个失败者的风度："啊，我输了！刚才那张牌我应该再仔细考虑一下的，祝贺你赢了一枚勋章。"

慢慢地，他越来越熟悉规则，也明白妈妈不会让着他，不会为了取悦他而改变规则，他不但真正体会到了有输有赢的游戏才好玩，也潜移默化地懂得了尊重规则的意义。

桌游，居家旅游必备的带娃神器

印象中很深的一次，我提醒年糕该刷牙洗脸睡觉了，年糕很不情愿，看样子就要赖倒了。我灵机一动问他："要么我们现在来玩一局'动物对对碰'，赢的人就能决定谁给年糕刷牙。"

这种时刻，我是很佩服自己的智商的——反正不管谁赢，下一步就是去刷牙。

动物对对碰是我们爱玩、常玩的一种纸牌游戏，它需要玩的人聚精会神地观察，争分夺秒地抢答。两人玩的时候，一人出一张游戏卡，谁最快找出相同的动物并大声喊出来就获胜。在我们愉快地大声喊出"狮子""老虎"的时候，年糕不想去刷牙的小小怨念完全没有了。

桌游，既没有破坏我们的日常惯例——按时睡觉，又避免了跟孩子陷入讨价还价之争。

所以，每当我工作很累，回到家精力不太充沛的时候，我都会建议年糕：我们来玩桌游吧！

另外，年糕是比较内向的小孩子，平时我会刻意邀请一些小朋友来家里玩，让年糕可以在他熟悉、有安全感的环境里锻炼人际交往能力。我会为来玩的小朋友挑选一些竞争性不高、娱乐性很强的桌游，每次他们都能玩得很开心。

出去旅行，如果要坐长途飞机，我也会给年糕准备一个拼图桌游。在航程中，他安安静静玩一个小时，玩累了倒头就睡，非常省事。

在国外，无论大人还是小孩，在公共场合打扰到别人，都是一件让人很难容忍的事情。在有些餐厅，很多时候我们一落座，服务员就会送上一个涂鸦本和蜡笔，或者是一个简易桌游，其实就是告诉我们：让小孩保持安静。

有一次在一家外国餐馆等待就餐时，我们拿出了自己准备的桌游。见此情景，服务员一脸惊讶，对我们赞不绝口，还特意帮我们调了一个很好的位置。

你看，能和孩子一起玩，并且你也能乐在其中的桌游，是你陪着孩子一起成长的好道具。在这个互动的时光里，你能看到孩子的很多面，也会在不经意间，发掘养育的灵感。

工具篇
发疯日

发疯日

孩子上了中班，家长好像一下子就陷入了兴趣班的包围圈。为了克制对教育的焦虑、不在报班的大流中迷失，我们一家人坐下来认真商量了下，决定把以后每个周六都作为固定节日。

这一天，我们唯一的任务就是"玩"：带年糕去爬山、逛博物馆、骑车，做什么都好。

为了更有仪式感，我们郑重地把这一天命名为"周六发疯日"。

这个日子虽然特殊，但是我们制定的原则很简单：对年糕来说，任何学习和课程都要为这一天让位；对父母来说，这一天要放下手机，放下所有事情，给予孩子全心的陪伴；最重要的就是，尽量保证这一天的活动都是户外的，有一定运动量。

所以看起来，这一天好像还是带孩子看书、聊天、玩。我们在这一天和年糕小小地放纵一下，享受一块平时吃不到的蛋糕；会像和朋友聊天一样，和年糕认真聊一聊自己的工作和烦恼，听听他的意见，也让他知道自己是家里很重要的一员，我们很在乎他的感受。

这样做了一段时间之后，全家人都察觉到生活开始有了不一样的地方。

对年糕来说，爸爸妈妈每周都有一天属于自己。我们全心全意的陪伴，对他来说是件很重要的事情。

对我们来说，会开始刻意要求自己提高陪伴质量，给予年糕更多关注，并且也有机会修正老人日常带娃中的一些不好方法。

对爷爷奶奶来说，平常忙着带娃，终于也有时间能做点自己想做的事情。

全家的心情和状态，都因为这个被命名和重视的日子，焕发出了不一样的光彩，我也更有动力去认真对待这件事。一到周五，我就开始想着周末做些什么安排，怎么让大家都能更开心。为了好好对待这一天，平时工作效率高了，加班时心情都愉快了。

一个名字、两三个项目，以及陪孩子的一点专注，就把周末普通的一天，变成了对全家人意义非凡的一个节日。

你可以问问自己：周一到周五，你给孩子有效陪伴的时间有多长？你知道孩子现在在想什么吗？孩子知道你在想什么吗？你们有多久没有聊过吃喝拉撒之外的话题了？知道彼此最近有什么变化吗？

如果答案都不那么让人满意，那这样一个特殊节日，可能会给你带来巨大的惊喜。每周的"发疯日"真是一个特别好的出口，带娃的很多美妙瞬间都发生在这个日子，建议你也可以尝试一下。

日期:

这个发疯日我们要做什么?

这是谁的主意?

都有谁参与了本周的发疯?

今天我

贴张照片吧!

PART

06

学习力决定孩子
一生的竞争力

孩子出生后，每时每刻都在学习。

想想孩子是怎么学会母语的，难道是先学字母，再学拼音规则，然后学字、学词、学句子、学语法……再然后就会说话了？

每一个父母都知道，绝不是这样。孩子们靠着有吸收力的心灵，用他们天生具备学习能力的大脑，从千万种声音中分辨出了母语，学会了语言的发音和规则，学会了用一个词表达一个准确的意思，学会了交流，学会了用语言影响他人。

孩子学语言的过程，生动地告诉每一位父母：最厉害的学习能力藏在每一个孩子体内，我们要做的不是去激发潜能、逼着孩子头悬梁锥刺股地刻苦学习，而是去保护这种强大的能力。怎么去保护呢？答案依然是亲子关系。

玩就是最高效的学习

有天晚上我在楼下散步，看到有个妈妈喊孩子回家。孩子玩水枪玩得正开心，就假装没听到妈妈的呼喊。这位妈妈上去拉着孩子就走，边走还边数落："玩玩玩，一天到晚就知道玩，天黑了还不回去！你看你们班小朋友现在还在上课，你字也不练题也不做，就知道玩……"

对此，我有点愤愤不平：玩怎么了？为啥一说到玩，很多家长都是一副深恶痛绝的态度？别说孩子了，我们大人不也很爱玩吗？

就像我们家，我一直琢磨着发展个旅游达人的副业；糕爸沉迷各种机械汽车，人生理想是成为飞机维修师；奶奶热爱研究各种菜单，一有时间就忙着尝试各种烘焙配方。

更别说为了玩，我们约定每周有一天是在外面疯玩的"发疯日"，这已经成为我们雷打不动的"家规"。

在全家人的影响下，年糕更是集了玩的大成：什么都想玩，什么都能玩。

而我们这些大人呢，也什么都敢给他玩。

在玩中激发好奇心，点燃求知欲

有一天吃晚饭时，年糕问我："妈妈，鸡汤为什么凉得那么慢啊？"

我把盛着鸡汤的碗挪到年糕面前，好让他看得更清楚："你仔细看看，鸡汤上面有一层什么东西？"

"嗯，有一层油。"年糕边认真看边说。于是我就弄来两个杯子和他玩了起来：一杯装鸡汤，另一杯装了和鸡汤温度差不多的白开水，放在一边让他十五分钟后再去看看。

十五分钟后，年糕跑过去摸了摸杯子，发现鸡汤还是烫的，水已经变凉了。

糕爸解释说："油的密度比水小，因此油就浮在水面上，这样就像给鸡汤盖了一个盖子，鸡汤里的热气就不容易散出去。"

有一次在餐厅吃饭，年糕突然又要玩冰块，糕爸就立即去服务员那里讨了一整杯。

爷儿俩就拿着一杯冰块玩了半小时：将冰块从一个杯子倒进另一个杯子，把冰块放在手心里感受冰块的温度，观察冰块融化的状态……

年糕对冰块化得慢提出疑问的时候，糕爸就拉着他把玩的阵地转移到了餐厅外，让他把冰块放在阳光下、阴影里、深色浅色的纸板上来回折腾。

年糕像搜集松果的小松鼠一样，着迷于获取新知识的过程，每次都会对自己的收获很满意。

玩着发现问题，玩着寻找答案，我看到年糕在这个过程中用自己的方式，去感受和探寻这个世界。还有什么比让孩子在玩耍中真实地看到、体验到世界的魅力，更能激发他的好奇心、点燃他的求知欲呢？

就像年糕，经常玩着玩着就会感叹："这实在是太有趣了！"

问问题、找答案，孩子的每个"为什么"都是在认识世界

糕爸的知识体系我甘拜下风，但我也有自己的方式，能带年糕玩得很开心。

比如我带年糕读书，就从来不会在书桌边正襟危坐，而是经常读到满地狼藉。

有次年糕在一本科普书里看到"小狗不能吃巧克力"，就跑来问我为什么。

我们把书架上的科普书都搬下来翻了一遍，没找到答案；又去拿手机查资料，最后终于发现：巧克力中的可可碱会让狗中毒。

年糕对这个答案不是很满意，继续追问："那小狗要是只吃一小块，是不是就没有事了呀？"

问得好啊！连"剂量与毒性"间微妙的联系你都能察觉，4 岁的小孩不错哦！

于是，我又是翻书，又是查资料，寻找答案，解答了他的问题。然后我"乘胜追击"地追问："狗狗会不会还有一些不能吃的东西？""小狗不能吃巧克力，那小猫呢？"

每找到一个答案，年糕都会夸张地大喊表示他的惊讶，他开始喜欢上了这种玩的方式：问一个对的问题，然后去寻找答案。

我们记录下一个又一个问题，循着线索越走越远，墙上的画板上是满满的涂鸦，地上到处散落着摊开的白纸、水彩笔，房间里是一片

狼藉，但我们却发自内心地喜悦。

在问问题、找答案的过程中，我常常觉得孩子才是我的老师，他的每个"为什么"都是在带我重新认识世界。

在点滴生活中，给孩子提供合适的学习入口

谁说学习只能在课堂上、书本里呢？在我们的生活中，玩到"无书胜有书"的时候还有很多。

有一天我们开车出门，年糕突然对发动机产生了浓厚的兴趣，一直问发动机到底是什么样子。到了停车场，糕爸就把车停好，将前备箱打开，让我抱起年糕站在车前，然后他发动汽车，让他看发动机究竟是什么样。

亲眼看到发动机的轰鸣、发动，年糕眼睛都在放光！

还有一次，我们带年糕在民宿度假，他对瀑布的轰鸣产生了兴趣。我们告诉他，发出这种声音是因为水从高处流下来积累了一种力气，叫作势能。

接下来一个小时，我都陪他在瀑布下、小河边观察："你看越高的地方流下来的水，发出的声音越大，因为越高的地方流下来的水，势能越大。""水流变缓了，是因为好几块石头挡住了它，把它一部分力量推回去了。"……

晚上年糕洗手的时候就突然和我说："妈妈你看，水龙头里的水流到手上有点力气，是因为它有势能！"

孩子的联想、分析和举一反三的能力，真的比我们想象的强很多！

谁说玩会让孩子拒绝学习？学习本来就和玩耍一样，是一个仔细观察、合理提问、探究验证的认知习惯培养的过程。

只要给孩子一个合适的入口，让他对世界产生兴趣，家长不用催促，不用刻意要求，孩子会自动自发地去学习。

世界很精彩，生活很好玩，学习本来就应该是一件有趣的事情。

能真正保持终身学习的人，哪个不是抱有像孩子一样强烈的好奇心，能够真正享受这种乐趣的呢？玩得越专注，孩子对学习就越投入；好奇心越能得到满足，孩子求知的欲望就越强烈。

我非常赞同高普尼克《园丁与木匠》一书中的观点：孩子的童年越长，孩子向各个方向探索的机会就越多，越能应对复杂多变的环境。

所谓"童年越长"，就是允许孩子用玩耍、用好奇去实现自由探索。

未来变化会越来越快，充满各种不确定性，没有任何一种现成的经验和知识能够应对这种变化。对孩子来说，能适应复杂环境，保持终身学习的热情，才是至关重要的能力。

热爱比知识重要，好奇心比分数重要，对世界始终充满好奇比掌握一项技能重要。

我们干吗要逼着孩子赶紧长大，像一个无趣的大人那样对待学习呢？

把生活里的挑战，
都变成学习的机会

以前听过一个笑话，说有位爸爸为了哄孩子吃饭，讲（编）了半天自己小时候没饭吃的悲惨历史。孩子十分感动，然而还是拒绝了吃饭，最后眼泪汪汪地说："爸爸，你是因为吃不上饭才来我们家的吧？"

后来很长一段时间，糕爸一喊年糕吃饭我就会忍不住哈哈大笑，弄得他们莫名其妙。

为什么吃饭、睡觉、生病上医院这些看上去天经地义的事情，孩子就是不肯做？问题很可能就出在"哄孩子听话"这种方式上。

我们知道，充足的营养、良好的睡眠对孩子的健康很重要，所以为了让他好好吃饭、乖乖睡觉，我们费尽心思。既然这样，为什么我们要通过编故事、给好处来让孩子"听话"，而不是把事实告诉孩子，让他试着自己管好自己呢？

懂得多的孩子更听话

"今天要好好吃饭哦""不好好吃饭一会儿要饿的""不好好吃饭下午不带你出去玩了"等，这些话在很多家庭都很常见吧？但通常都起不到任何作用，因为它们都是废话。

让孩子听话的正确方式是，让孩子理解这么做的重要性。

比如年糕不爱吃菜，我就会和他说："青菜里有很多纤维素，吃下去以后就不容易便秘了，然后你肚子里的'火车站'就会更通畅，你拉便便的时候就会更舒服。"

为了让年糕养成更好的吃饭习惯，我还特意给他边画边解释了人体消化过程，从消化系统、贲门到小肠、大肠都完整展示了一遍。

有人会觉得：这些知识很多大人都不懂，孩子能听得进去吗？但其实孩子对人体充满了好奇。

年糕之前就很喜欢看人体百科，我给他讲这些的时候，他更是听得津津有味，还能时不时地接着我的话往下说。年糕不但关心吃饭为什么要细嚼慢咽，为什么不能吃烫的食物这些问题，连为什么不能憋大便都能联想到。

当知识和生活建立起了联系，吃饭这件事在孩子眼中就有了特别的意义。我和糕爸开玩笑说，吃猪蹄能够补充胶原蛋白，有助于美容，年糕吃猪蹄时就会说"吃这个皮肤好"。他还知道"吃鸡肉可以长肌肉""牛肉里有很多能量，我吃了就有力气"。更神奇的是，有一次年糕两天没有拉大便，就主动说："那我吃一点西梅泥吧。"

孩子的自律性和自我管理能力，要比我们想象的强太多。而且，人都有希望自己更好的本能，小孩子也不例外。所以我的经验是，孩子也有自己的思维，只要用科学的方式进行引导，他就能够建立起对世界的正确认知。

因为有了认知，沟通才会有效

有段时间，年糕会故意把脸在地上蹭来蹭去，还不爱洗手、不想刷牙。对玩颜料、玩彩泥这样的"脏"动作我可以接受，但影响身体健康的"脏"动作必须纠正过来。

怎么办呢？为了让他改掉不爱洗手的习惯，我就告诉他细菌和病毒是怎么影响健康的："它先粘在你的手上，虽然你看不到它，但当你抓东西吃的时候，它就粘在了你的食物上，进入你的嘴巴，通过食道跑进你的胃里，然后在你的肚子'火车站'里闹事情，让你肚子痛，这时候你肚子里的小精灵就要跟它们打仗。要是细菌太多，小精灵打不过它们，你就得上医院了。"有次年糕又不想洗手，我就跟他说"太好了，你手上的细菌也不想你洗手呢"，他一听就赶紧跑去洗手了。

这种引导方式非常好用，解决孩子不爱刷牙的问题，可以给他讲《牙齿大街的新鲜事》；想让孩子认真吃饭，就给他看《肚子里有个火车站》。哪怕更有难度的问题，这种方法也能起到很好的效果。

在很多家庭，像给孩子吃药打针这样的事，经常需要全家出动才能搞定，因为很多家长通常是这样告诉孩子的："生病了，吃药打针才会好""不怕不怕，一点都不疼的"。但为什么打针吃药才能好？宝宝不清楚，而且宝宝真的不怕、不疼吗？其实很多大人生病了都不肯上医院，就是怕打针疼呀。这样的说法只会让孩子觉得事实明明和你说的不一样，从而变得不信任你，也对这样的事更加害怕和恐惧。

我有位朋友的儿子对《DK 大百科》中人体组织和血液这一章特

别感兴趣。她陪孩子读书的时候,就顺便把抽血化验这件事解释了:"生病的时候白细胞会增多,从而打败身体里的坏病菌。所以在生病的时候,医生就会从你身体里抽一点血去检验,看看你身体里的白细胞是不是多了起来。"明白这个之后,她家小孩对上医院这件事就不再抗拒了,还会追着问:"化验单出来了吗? 快看看我的白细胞有没有多! "

我们经常会把知识和生活割裂得太开,觉得只有在书本或课堂上才能学到知识。但学习和生活向来密不可分,而且学习是为了让孩子明事理,可不仅仅是学知识。而且,只有孩子有了明确的认知,亲子沟通才能更顺畅、有效。

学习的副产品——全面提升孩子的性格和情绪

教孩子认识世界、学习知识的过程,也是塑造孩子性格和情绪的过程。懂得更多,才能让孩子更有安全感,更知道如何处理遇到的问题。

不用担心孩子听不懂,就像年糕以前特别怕流血、怕受伤,有的时候甚至会因此担心自己会不会死。我就告诉他 :"人的身体里有非常多的血液,受伤流的血只是很小的一部分。血液里有血小板,它会快速地帮助血液凝固,所以你不用太害怕。现在妈妈帮你贴个创可贴,让血不会再流出来。"

明白了是怎么回事后,年糕再看到流血就平静多了。

学习和生活为什么一定是对立的? 难道不能合二为一吗? 要知道,认知不仅仅是一种能力,更是一种习惯。

一次，我采访一位毕业于剑桥的妈妈，我跟她讲起年糕洗手的故事，她深有同感。

她告诉我："越来越多的科学证据显示，孩子的思维方式与科学家很像。婴儿携带内在的学习能力进入世界，这些能力允许他们立即从经验中获益。孩子对真实世界的兴趣更大，从真实中学到的东西也更多。"

科学家的思维方式，就是从观察身边环境开始发问：一件事情是什么样、为什么是这样、怎么样……科学家就是要把这些事情弄清楚才肯罢休。而我们的孩子，天生就具备这样的思维方式。

拿刷牙来说，我们大部分时候只是给孩子一个指令：去刷牙。而孩子呢，其实很想知道刷牙是什么、为什么要刷牙、可以怎样做。

大部分孩子只有在搞清楚这些问题之后，才会产生真正想要刷牙的动力。有了这份动力，让他刷牙就变得容易很多。

很多时候，成年人所谓的孩子不听话、任性，更多的是源于我们跟孩子之间的认知差。很多在大人眼里再正常不过的事情，孩子会因为未知产生莫名的恐惧。所以，把跟真实生活相关的一切跟孩子讲清楚，陪着孩子认认真真弄明白一件事"是什么""为什么""怎么样"，远远好过苦口婆心给孩子讲一堆"道理"。

带孩子认知事物背后的真实原理，是很好的育儿方法。只有当孩子认知了事物运作的真实原因，才会产生做这件事的真正动力；有了这份动力，事情就会容易很多。

就像我们大人会对不了解的事情感到不安一样，这个世界对孩子来说，是新奇的、未知的，但也是让人恐惧的。当你用科学的方式耐心地给他点燃科学明灯，就已经在他的小脑袋里埋下了融入这个世界的种种线索，同时也收获了一个更好的孩子。

会说话的孩子，
一开口就赢了

"与父母缺少沟通的孩子，在 4 岁的时候，跟经常和父母聊天的孩子相比，少听了 3000 万个词语。正是这 3000 万个词语，拉开了孩子们在学龄后学业中的表现。"

这段话出自美国芝加哥大学医学院萨斯金德博士所著的《父母的语言》，这本书的结论来自多年的实证研究，并以大量令人信服的数据告诉我们——如果孩子的人生真的有所谓的起跑线，那就是父母每天对孩子说话的数量和质量。

跟孩子多说话，促进他大脑发育

科学研究向我们证明：大脑掌握思考和学习的区域，在孩子人生的前三年就已经开始发挥作用了，而语言发展是大脑发育的开始。婴儿每天最喜欢做的事情，就是听妈妈的声音，甚至在他特别小的时候，就可以轻松地把母语从各种语言中分辨出来。

而我则简单地总结为：每个孩子都是天生"听话"的孩子，"听话"是大脑最初的学习模式，语言就是孩子大脑发育的养料。

要想促进孩子大脑发育，父母首先要做的，就是跟他多说话。

年糕一出生，我在他面前就是个"超级话痨"。我会事无巨细地跟还在吃奶的年糕说话。换尿布的时候，我会说："宝贝，妈妈要给你换尿布了哦，你配合一下哦。"抚触的时候，我会说："宝贝，我是你的妈妈，妈——妈——这是宝宝的左手，左——手；这是宝宝的右手，右——手。"跟他玩耍的时候，我会说："宝贝，你看，这个是花，好看的玫瑰花；这是摇铃，你的小手摇一下试试，两个东西撞击会发出声音是不是？"总之，我利用一切可利用的时间、工具，跟孩子说话，让他尽可能多地感知周围的环境，引导他产生表达和交流的欲望。

对孩子来说，一切都那么陌生。而父母跟他说话，其实就是以他的眼光来认识世界，父母的语言是他认识世界的窗口。

"几乎无一例外的是，家长与孩子的对话越多，孩子词汇量增长得越快，孩子三岁后测试出来的智商会越高。"这是《父母的语言》里的科学结论，它告诉了我跟孩子多说话的好处，这么做对孩子词汇量的增加非常重要。

所以，赶紧抛开"孩子这么小，根本听不懂我的话，跟他说那么多干吗"这种想法，亲子对话任何时候开始都不早，说多少都不嫌多。

说话抓住两个关键点，孩子听话又聪明

说话数量够了，质量也要跟上。

很多妈妈的感受是，我一天到晚都在跟孩子说话啊，而且都是我在说，孩子不仅不听，还会嫌我烦。

这时候，你可能需要想想，你到底说了些什么。

在餐桌上，当孩子不好好吃饭时，很多父母可能会说："菜和饭一起吃掉，都要吃光""吃饭要认真，在位置上坐好""不好好吃饭，下午你就不要出去玩""再不好好吃，妈妈生气了"。

很熟悉吧，类似的还有"不行，不可以，停下来""太脏了，别去碰""听话，别哭""快点，快点""说第几遍了""你听见没有"……

单调的词汇、命令式的语句大量重复，每天出现，让亲子对话变得无效而徒劳，孩子在这些对话里学习不到任何有效的信息。

要知道，每个孩子，都曾经是家长最忠实的听众，他仔细聆听父母说的每一句话，不放过每一个字。但只有那些丰富、有营养的信息，才能给他们的大脑以刺激，留下印象。如果你说出的话，不能刺激他的大脑，你真的不能抱怨孩子不听话，而是要先反思，问问自己有没有好好跟孩子说话。

所以，做一个会跟孩子说话的高阶家长，或者更功利一点，说孩子愿意听的话、说对孩子大脑发育有好处的话，父母在说话时需要抓住两个关键点：正确而高级的名词、新鲜而有趣的概念。

举个最简单的例子，带孩子在小区散步遇到一只狗，很多家长不管孩子几岁了，说的都是"看，小狗狗"，或者更幼稚点的，"有汪汪"。

而我通常会告诉年糕："看，那是一只可卡犬，小小的，是不是很可爱？汪汪队里的天天就是这个品种。"

我给出了富有信息含量的正确名词，从这里开始，对话可以很容易延续下去：

你能看出这只可卡犬和天天哪里一样、哪里不一样吗?

这是因为天天是个卡通形象，是经过艺术处理的。

卡通形象就是……

我和年糕能这样一直聊下去，让散步变得充实有趣。我也常常惊奇地发现，孩子对很多事情的理解、发现的视角，还有奇特的想象，都能被这样的对话触发。

当你和孩子说的话里充满正确的名词、新鲜的概念之后，沟通的效果马上就不一样了。比如我为了让年糕愿意刷牙，给了他一个新名词——牙细菌，又给了他一个新任务——打败牙细菌，用一个新概念去驱动孩子，这样他做起事来就心甘情愿多了。

带着这样的思路，我们可以适当改造一下那些充满命令口气的话语。比如，将"快把菠菜吃了"表达成"吃掉这口能量菠菜。你知道大力水手派派吗? 他吃菠菜后力气就会变大"，这样是不是有趣多了?

孩子的大脑就像海绵，对新鲜名词和概念如饥似渴，对于给大脑带来这些刺激的父母，他也会更信赖、喜爱和配合。

在一起好好说话，就是一家人的意义

其实，即便抛开前面说的那些"好处"不提，丰富的语言同样是家庭亲情的润滑剂，坐下来一起好好说话，是我能想到的最日常温馨的亲子相处场景。

我们家就有个习惯，每个周六都是我们三个人的"甜品日"，我们会边吃蛋糕边聊天。

那段时间很轻松，不聊什么"你听不听话、乖不乖""表现好不好"等问题，而是像跟朋友聚会那样，聊一聊各自开心和不开心的事。

有时候我会刻意准备一些话题。比如说说我们旅游去过的地方，说出最近发生的三件好玩的事情……在这些充满乐趣又轻松的话题里，家的观念，亲情的温度，不知不觉地就融进了这些细碎的时光片段。

不过，比起和我聊这些，年糕显然和爸爸更有共同话题。什么战斗机、赛车、发动机……虽然不是很懂，但我还是会坐下来一起听。我不想有一天年糕长大了，聊起这些直男话题时，我连话都接不了。爸爸妈妈和孩子一起聊喜欢的事，这时孩子的眼神是真的会发光。

现在，年糕5岁了，这种持续不断的词语输入效果是什么呢？

首先，年糕从会说话开始，吐字就非常清晰，开口也很早。

其次，年糕用的词语总是精准而丰富。有次我们站在天桥上，他看着下面突然对我说"妈妈，你看下面车水马龙"，真是让我非常惊喜。

虽然年糕并不是个能说会道的孩子，不过他的表达非常清晰，我们之间的对话，根本不需要唠唠叨叨、大吼大叫。

孩子最好的启蒙老师，永远是愿意好好跟他说话的父母。请记住，

在促进孩子大脑发育这件事上，好好跟孩子说话，从小培养他的倾听
和表达能力，比去什么昂贵的早教中心、培训班、国外游学有效得多，
这么简单还不花钱的事，家长们何乐而不为呢?

教孩子认字，
要像吃饭喝水那么自然

　　年糕上中班后，周围的妈妈们都在讨论孩子的识字量。毕竟认识的字越多，孩子能读的书就越多；书读得多，孩子的阅读能力越扎实，在以后的学习中，他的理解能力就越好，做题速度也就越快。

　　我当然也很关注年糕的认字和阅读，但是如果问到我们给年糕做了什么识字训练，用了什么认字神器，年糕现在的识字量有多少，我还真答不出来。我只能说，年糕今年 5 岁，会兴致勃勃地自己读简单的绘本，尽管读得磕磕绊绊；出门遇到指示牌，他也特别喜欢去辨认上面的字。识字卡认字、阅读训练这些，我们从来没有让年糕做过。

　　我为什么不带年糕刻意认字？

　　在我看来，任何学习都离不开两个因素：一是孩子自身的能力发展阶段，二是孩子发自内心地热爱。

　　热爱是一切学习的原动力。当孩子热爱阅读，并且发现想要满足自己的阅读渴望，最好的途径就是"可以像妈妈一样，认识好多字"的时候，认字就会变成水到渠成的事情，不用催促和刻意训练。

教孩子认字，要先尊重认字的规律

在任何语言学习中，孩子始终是个主动者，顺应环境自然就能开花结果。

很多家长会用识字卡、认字挂图来教孩子认字，但其实口语能力才是认字准备的关键。

虽然有点出乎意料，但仔细想想："字"是什么？我们教孩子认字又是为了什么？

答案显而易见：字是指代事物的一种符号；我们教孩子认字，其实是为了帮助他建立这种符号与事物之间的联系。

当孩子在日常生活中发现，万事万物不仅有名字，而且这个被听觉捕捉到的名字，还可以用眼睛看到一个具体的符号，他才能真正掌握认字的核心。

比如，你想让孩子认识"苹果"这两个字，真正科学有效的做法是，拿着一个苹果告诉孩子，"这是苹果"。之后在读绘本的时候，看到苹果的图片和字，你用手指指出来告诉孩子，这两个字是"苹果"，等过段时间你们再读绘本时，孩子可能就会指着"苹果"说出来了。而他读出"苹果"这两个字时，脑中出现的正是实物的苹果，这样的认字才有意义。

4岁的孩子对语言特别敏锐，这个阶段让他保持兴趣、愿意去了解更多的字最重要。如果家长硬生生把认字变成学习任务，削弱了他的学习兴趣，反而得不偿失。

孩子的识字能力是自然发展出来的，认字真正行之有效的方法，并不是字卡或者认字挂图，而是能帮他在符号和事物之间建立联系的生活认知。

在生活中，我们每天都能接触到很多能让孩子建立符号与事物直接联系的机会，比如路边的广告牌、生活中的各种标识等。当孩子逐渐发现并建立起这种学习规律的时候，他会因为渴望探索更广泛的抽象领域，自发生出认字的热情。当孩子指着这些符号开始提问"妈妈，这是什么意思""妈妈，这是什么字"的时候，你就知道可以有意识地教他认字了。

刚开始和年糕读绘本时，我会特意把一些很简单的字指出来，让年糕把字和声音对应上。当年糕对认字很感兴趣了，我就跟他一起玩在书里找字的游戏，看谁找得多。比如看《好饿的毛毛虫》时，我们就从头到尾去找"虫"字，年糕玩得特别开心。

生活中到处都是教孩子认字的机会，比起刻意训练，更需要家长投入耐心和想象力，润物无声地教孩子认字。

让孩子爱上阅读，先做好阅读准备

认字只是表达、阅读和思想建构的工具，阅读才是孩子和世界建立联系的完整过程。当孩子有了一定的识字量，家长就可以带着孩子一起阅读，不仅能继续扩大他的识字量，同时还能培养他的阅读兴趣和习惯。

但是市面上的书，品类繁多，良莠不齐。书选得不好，有时不但起不到教孩子认字的作用，还会影响他的表达能力和阅读兴趣。所以，替孩子筛选图书，就成了必要且重要的阅读准备。在给年糕挑选书时，我一般会遵守三个原则。

一、放到年糕手上的每本书，都是我看过的。这个把关，我更多考虑的是这些书是不是贴合孩子的思维，是不是符合我们的价值观，能不能引起孩子的阅读兴趣。比如，我给年糕选的"巴巴爸爸"系列，巴巴爸爸家有七个孩子，每个孩子个性、爱好都不一样。我希望年糕读完这个系列后，能了解每个人都是不同的，有人喜欢唱歌，有人喜欢拼搭，有人喜欢运动，要接纳自己和别人的不同。这些事没法通过讲道理去表达，但通过阅读就可以很好地潜移默化。

二、即使是经典，也要做价值观的更新引导。多选经典，肯定是一条不会出错的原则。但是，家长也要适当做价值观引导。

还是拿"巴巴爸爸"系列举例，因为写作年代的关系，书中有些价值观，确实让人有"过时"的感觉。就像里面有这样一个故事：男孩子们跑去看黑熊，女孩子们则留在家里和妈妈做饼干。年糕就会觉得，这是"因为男孩爱冒险，胆子大"。

我反问年糕："你看你们班的女生，是不是有比你还勇敢的？女孩子留在家里做饼干，可能是更喜欢而已。"

当孩子开始有了思考能力，陪他读书的时候，我会有意引导他做一些思辨。能保持自己独立的思想，对孩子来说，是一种影响他一生的重要能力。

三、孩子读的书，要比他的实际认知高一点点。遵循"最近发展区"理念，我给年糕买的书往往要比他的实际认知高那么一点点，或者说比他的适龄书籍再难那么一点点。因为"走在前面的教学，才是最好的教学"。带有难度的内容，更能调动孩子的积极性，激发他的潜能。

千万别觉得孩子还小就不感兴趣或看不懂，他们对这个世界的热情远远超过我们的想象。就像年糕也会经常和糕爸一起看汽车杂志，糕爸也会兴致盎然地和他聊各种车。现在年糕对汽车的各种型号、配件一清二楚，知识储备比我还多。

其实，让孩子养成阅读习惯最重要也最基础的事情，就是先做到每天都有这件事出现的时刻，而且出现得不刻意、不复杂。

当阅读成了孩子的习惯，孩子才会对阅读产生渴望，就像他渴了，想要喝水一样。阅读需要浸润在日常生活里，不需要刻意，不需要爸爸妈妈催促"该读书了"，就像要去完成什么任务。

爱读书的孩子，你会担心他不肯识字吗？所以，家长与其把精力放在教孩子认字上，倒不如每天抽点时间，认认真真陪孩子读几本书。

培养专注力，
让孩子的努力更高效

"陪作业"这件事，已经成了家长圈里一种"新型高发疾病"。只要家里有小孩，从他一只脚踏进幼儿园开始，家长就能从每一件日常小事联想到将来陪作业的悲惨局面，从而开启焦虑模式。

"做什么事都三分钟热度，将来写作业咋办？"

"写两个字，就东摸摸、西碰碰，总是不专心。"

"老师讲故事，全班小朋友都能认真听，就他一个人扭来扭去。"

最后，家长们通常会把所有问题归结为孩子专注力不行。

虽然孩子的这些表现中可能牵涉专注力，但这样给孩子下定论，未免也太早、太草率了。

为什么孩子做事不够专注

哈佛大学的一项实验表明，孩子的专注力是随着年龄的增长而提高的。一般来说，3岁孩子有目的性地持续注意某个事物的时间是3～5分钟，4岁孩子可以持续10分钟左右，5～6岁孩子可以持续10～15分钟。

除了年龄，专注力还涉及一个很重要的问题——注意力分配。比如,很多家长抱怨孩子做事不专心,却可以专注地看一集 20 分钟的《汪汪队立大功》,如果不拦着,他们还能专注地再看一集。但是,这能说明孩子专注力很好吗?

不,这只能说明,孩子的专注力与他对事情的感兴趣程度有很大关系。就像我们小时候上课开小差玩橡皮一样,问题不在于专注力差,而是我们没把注意力放在听课上,全放到玩橡皮上了。

因此,帮助孩子培养专注力,本质就在于帮他排除其他干扰,集中注意力。

不打扰,让孩子集中注意力做一件事

从 3 岁开始,孩子的注意力变得更加持久,有目的性,这正是着手进行注意力训练的好时机。帮孩子排除干扰、凝聚注意力,首先要做什么呢? 收拾,让孩子的环境简单点!

越小的孩子,抗干扰的能力越差,所以我们要帮助孩子降低环境中的干扰。比如,年糕在搭积木,那我就会让他周围的环境中只出现积木。如果他手边除了积木,还有小汽车、各种电动玩具,他可能很难专注在搭积木上。

同样,当妈妈给孩子讲绘本时,奶奶一会儿来问要不要喝水,一会儿来问要不要吃水果,这也是干扰——孩子会很困惑:我到底是读绘本,还是喝水,或是吃水果呢?

所以,我就在我们的家庭会议中,明确地告诉家人,年糕在读绘本的时候，需要一个不被打扰的环境，如果非得进门，请先敲门。

别觉得这些是小事，要知道，孩子大脑还没发育到能处理那么多并行任务的阶段。

要培养孩子的专注力，那么当他在专心做一件事的时候，不打搅非常重要。

清晰的目标，让孩子更容易专注

为什么孩子玩游戏能玩很久，做别的事情却总要东摸摸、西看看，专心不起来？

因为比起其他事情，游戏对孩子来说真是太贴心了。

游戏的设计可是大有学问的，一个游戏有那么多关卡，其实就是把一项看似不可能完成的任务拆解了。每个小任务都有明确的目标；每完成一个目标，都能得到及时的反馈，这就是让孩子的注意力更集中的奥秘所在。

所以，对于孩子不喜欢做的那些事情，家长也可以模仿游戏设计，帮他拆解任务，设立几个小目标。比如，很多幼儿园都贴着洗手分解图，复杂的洗手任务被拆解成连贯的步骤。有了这样一张图的帮助，孩子学会自己洗手就容易多了。

采用这样的方式，让孩子知道自己下一步该做什么，任何事情都会变得简单又明确，学习当然也不例外。在进入每天的学习时间之前，我们可以带孩子先来个热身，让他把动作和问题结合起来。比如，坐在书桌前的三个动作对应着三个问题：

把椅子拉开→我该先学什么？

坐下→主题是什么？

打开书或作业本、笔记本→今天学了什么特别的概念？

按照坐下学习的身体动作，渐进式地问几个问题，能帮助孩子快速集中注意力。

接着，再把当天要完成的事情列一个任务清单。在每一个要完成的任务前画一个"□"，然后每完成一项就打一个钩，这样能培养孩子完成任务的意识。

每一个动作、每一步都有了明确的目标意识，孩子就能循着目标，专注地完成每个任务。

培养孩子的专注力非常重要，但是有一点我们需要让孩子明白，集中注意力是他自己的责任，虽然爸妈很乐意帮他，但只有通过他自己的努力，他才能变得更专心。此外，专心是一种非常好的品格，并非只是为了完成任务而已。

专注力的培养当然不会一帆风顺，面对这个挑战，孩子需要家长的支持和陪伴，家长要做的最重要的准备，就是树立陪孩子共渡难关的良好心态。

让脑子更聪明的办法，
在手上

作为一个艺术废柴，年糕上幼儿园之后最让我头痛的事，就是要面对各种各样的手工作业。而且，年糕在这一点上百分百地继承了我的基因。所以，每次幼儿园留了美术作业，我总要满世界求助外援。

头痛归头痛，一开始我也没太把这事放在心上：一来毕竟是自己亲生的，随我也正常；再者我也没指望培养出一个十项全能的天才小孩，有些短板也能接受。

等到年糕上了中班，动手能力差的缺点就越发暴露出来了，就连一些简单的描红练习，都成了极大的困难。年糕越写不好越着急，越着急就越写不好，这让全家人都跟着上了火。

但是没想到，这个问题后来居然被我歪打正着地解决了。

电子游戏带来的启发

那段时间公司要开发一个数学游戏的新项目，年糕理所当然地成了首批体验志愿者。这些游戏操作并不复杂，大多是场景化地还原生活，让孩子在分类、归纳和比较中理解数学概念，比如把几个果子穿成糖葫芦，把不同颜色的小车停到相应的停车场，还有加入了数学概念的消消乐之类的游戏。

年糕之前很少玩手机，所以像选中一个图案、戳到一个果子这样的操作，对他来说就比较难，经常闯一关都要笨手笨脚地折腾半天。每天我给年糕安排了十分钟的游戏时间，这样玩了一段时间后，我发现他的描红突然有了很大进步——握笔更有力，运笔也更平稳了。

后来看了 BBC 纪录片《北鼻异想世界》，我才发现科学家们对这件事早就有了研究——触摸屏很可能会促进孩子精细动作的发展。

纪录片中的实验室有两组孩子，A 组从来没有接触过电子产品，B 组则有过接触。实验结果显示，B 组的孩子可以轻松地在纸上画出一条条直线，而 A 组的孩子只能画出歪歪扭扭的细碎线条。在搭积木的测试中，A 组的孩子平均能搭五块左右的积木，B 组的孩子则普遍搭得更高，有的甚至能搭到九块以上。

实验的组织者、认知心理学家蒂姆·史密斯说："触屏技术对幼儿来说，并不像大众认为的全是坏处。相反，滑动和控制软件，能增强孩子在精细动作上的精确性和灵巧度。"

认知发展最关键的精细动作，藏在日常小事里

这个结论让我很是感慨。电子产品不只是家长眼中的洪水猛兽，利用好了也可以变成孩子学习的工具。我们以为不重要的一些事情，很可能会锻炼孩子未来需要的某种重要能力。

当孩子在剪纸、画画的时候，重点真不是他剪了什么、画得多好，

而是这些活动能对手部肌肉进行精细锻炼，这是所有运动技能中对认知发展最关键的部分。通过手部精细动作，孩子开始了对世界的探索，孩子长大后的探索欲就与小时候手部精细动作的培养有关。抓握物品，转动它们，松开它们，孩子就能学习到大量关于物体的视觉、听觉和触觉的内容。亲手探索是孩子天生就喜欢的一种方式，也是手部精细动作锻炼的一部分。

年糕小的时候，我会陪他一起扔玩具；现在虽然也会经常和他一起做实验，但更多的是抱着开启知识学习的目的，反而忽视了画画、剪纸。其实，生活中很多最简单的小事，才是最重要的。

孩子的智力、心理发育与手的发育同步进行

原来教孩子画画、做手工这些事，并不只是为了培养艺术细胞，之后年糕再有手工作业，我们也上心多了。年糕不擅长做，我们就帮他拆解任务，把最应该多多练习的部分拆解出来，比如多让年糕练习用剪刀。虽然很多家长考虑到安全问题，不让孩子使用剪刀，但想要锻炼手部灵巧度，用剪刀是再好不过的办法。

当然在使用剪刀前，我们也会反复提醒年糕一些注意事项，如剪刀口不能对着自己或他人，剪刀用完后要放回原处，剪刀不能随便挥舞，等等。在使用剪刀的过程中，我们也会全程监护。

使用剪刀的过程，充分调动了手部每一块细小肌肉的互相配合，能极大地提升孩子对手部肌肉的控制和力量，并实现由手到脑、由脑

到手的全面开发。如果世间真有聪明药的话，那一定藏在孩子灵巧的双手里，"心灵手巧"就是这个意思。

除了手工，通过精细动作锻炼身体的机会还有很多，比如让孩子收拾餐具，剥鸡蛋壳、虾壳，帮家人择菜、捡豆子等。很多家长不给孩子这样锻炼手部精细动作的机会，总觉得孩子做家务是在帮倒忙，弄脏弄乱了还得是自己来收场，再说他们也干不好这些精细活儿。但是这些发生在家里的日常事情，就是锻炼孩子手部精细动作的最佳机会，如果我们一直不让孩子锻炼，却又总喜欢抱怨孩子不会自己吃饭、穿衣、系鞋带等，那岂不是太为难孩子了？

孩子需要的大部分生活自理能力，都跟手部精细动作的锻炼有关。具备了手部精细动作的能力，加上家长引导孩子做这些事情的意愿和习惯培养，才是养成孩子生活自理习惯的正确打开方式。同时，手部精细动作的锻炼，也是今后宝宝写一手漂亮字的基础。

后来我了解到，很多针对儿童的专业写字训练，都会先用手腕操、小哑铃来做准备，这些其实是孩子做手工、做家务的进阶版，目的同样在于锻炼手部肌肉力量。

有位老师给我分享过这样一个案例，她是一位对外汉语老师，在教外国学生写汉字的时候，发现即便对15岁的高中生来说，写汉字也是件非常困难的事情。因为汉字结构复杂，对精细动作的要求更高。所以每次在教外国人写汉字前，她都会先教他们折纸，目的就是加强手部精细动作的练习。

手是大脑命令执行的终端，孩子的智力、心理发育与手的发育是同步进行的。对孩子的大脑发育而言，最直接的锻炼途径是手的精细动作。手多运动，多做精细动作，边运动边思考，才是促进孩子大脑发育、提升孩子智力水平的有效办法。

给孩子报兴趣班，
请先想好这些事

　　之前，有个朋友跟我说了她的经历。她说，有次幼儿园让家委会组织周末秋游，结果好几个家长在群里公开反对，说孩子周末要上英语课、围棋课、画画课、乐高课、编程课……不能缺课！

　　这时候她才意识到，原来，孩子班里的同学周末都会上兴趣班。

　　再回头看看在小区里玩水枪的儿子，焦虑马上如潮水般淹没了她："我的孩子是不是落后了？该给孩子报兴趣班吗？该报什么班？该报几个呢？"

　　带着这些问题，她来找我，而我在认真思考后，真诚地回答道："我不知道。"

　　这是真话。兴趣班的目的是培养孩子的兴趣爱好，挖掘他的特长潜能。一百个孩子就有一百种不同的兴趣爱好，哪会有一刀切的选择标准呢？

　　再说，对于报兴趣班这件事，我也实在没有太多经验啊！

　　年糕上小班时，我给他报过一个街舞班；到了中班，报了个体能课，由糕爸带着他去踢足球和打网球。

　　我一直觉得，给孩子报兴趣班的关键，不是什么时候报、报几个，而是怎么帮孩子挑选兴趣班，并在他想放弃的时候，如何帮他坚持下去。

如果从这个角度来谈兴趣班，我还真的有一些心得。

孩子上兴趣班，对家长是一个挑战

孩子上兴趣班，不只是孩子一个人的事，它同时要求家长的高度配合。当孩子被兴趣点燃热情后，要取得辉煌的成果，一方面需要孩子愿意为之长期坚持辛苦的练习，另一方面需要家长投入大量的金钱和精力。如果家长没做好吃苦的准备，给孩子报兴趣班并不能带来他们所期望的"超额收益"。

因此，无论给孩子报什么兴趣班，家长都要想清楚：我有没有准备好给孩子报兴趣班？我给孩子报兴趣班的目的是什么？

所以，给孩子报兴趣班没那么简单，最大的挑战还是落在家长身上。家长要清楚，上兴趣班不只是孩子的事，它是需要家长陪孩子一起完成的一个人生挑战。只有家长准备好了，才能在孩子面对困难的时候，带他克服挑战；只有把兴趣班看作一艘带孩子出发的小船，它才不会成为压得家长和孩子喘不过气的石头。

兴趣班的选择标准：不影响全家人的生活质量

很多家长给孩子报兴趣班，是抱着"孩子有个特长，可以增强竞争力"的想法。但真正有竞争力的特长，并不能靠上个兴趣班，一周上一两次课就能培养出来。每个孩子都是不同的，在孩子 6 岁之前，在兴趣班的选择上，家长都可以佛系一点，牢记兴趣班只是给孩子提供丰富的体验环境，而不是要开始专业训练。

其实，6 岁之前，孩子很容易对一件事产生兴趣，新鲜好玩的试听课总能一下吸引他的注意力，这些兴趣班触发兴趣的意义远大于让孩子掌握某种技能。

所以，如果孩子感兴趣，而家长经过考察后觉得培训机构和老师都靠谱放心，学习费用也在家庭经济的承受范围内，而且最最关键的是，培训班离家近、接送方便，那么，孩子上什么兴趣班都挺好。

事实上，后两个条件通常都会被家长忽视，但它们其实很重要：无论是上兴趣班的路程还是其过程，只要孩子不感到痛苦，家长也就不会太痛苦。虽然在兴趣班的投入上，很多家长都是视金钱为粪土，但是一旦你每堂课都在想这 1 个小时值不值 180 元钱，就必然会追着孩子问到底学到了什么。更别说，为了节省开支，有些家庭连出游、休假都不敢安排。这些都会给孩子带来很大的压力，更会严重影响全家人的生活质量。长期下来，孩子兴趣班上得不开心，家长们也会觉得心累和身累，结果就是并不能实现让孩子上兴趣班的目标。

给孩子报兴趣班前，先去体验

很多家长给孩子报培训班，都抱持着"多学点总没错"的心态，但事实上，所有坚持不下去的才艺培训都是在浪费时间和金钱。与其盲目给孩子报兴趣班浪费时间和金钱，不如带着孩子一起先体验一番。这么做，一方面可以观察孩子对这个兴趣班是否感兴趣，能否融入这个兴趣班的环境；另一方面，家长亲身体验后，也可以提前感受孩子以后可能面对的困难，从而能够理解孩子，进而帮孩子共同面对上兴趣班时遇到的困难，让孩子更有动力坚持上兴趣班，不会中途就打退堂鼓。

比如学钢琴，很多妈妈最爱问一个问题：孩子几岁去学钢琴合适？

要我说，问出这个问题的人，大概也跟我一样是不会弹钢琴的。曾经我也想给年糕报个钢琴班，因为班里有个小男孩，在晚会上穿着一身帅气的小礼服，表演了一个钢琴独奏，引来无数掌声和羡慕。那真是一位老母亲的高光时刻呀，看得我都心动了：要不给年糕报个钢琴班？可是年糕从来没说过自己想要学钢琴，那仅仅是我的一厢情愿，怎么办？

我有个好习惯，在确定让年糕学一样新东西之前，我自己都会先去体验一遍。

那天，我来到钢琴培训中心，那里放着一架可以试弹的钢琴和《小星星》的简谱。在老师的协助下，我才找到琴键上中央 C 的位置，磕磕巴巴弹了一遍不加和弦的《小星星》。我当时唯一的感受是：累！

钢琴有 88 个键，每个键按下去，都会感到一股阻力，术语叫"键重"。不同牌子的钢琴，键重还不一样。因此，要弹钢琴，手指必须有一定力量。作为一个成人，我在弹钢琴的时候都感觉很累、很吃力，更别提孩子那柔嫩的十根手指了。要不是亲自体验，我根本体会不到孩子们对练琴的抗拒和恐惧，不能感同身受地理解孩子。经过我自身的体验，我最终放弃了给年糕报钢琴班的打算。如果他以后主动提起学弹钢琴，我会考虑，但我不会再按照自己的意愿给他报班了。

孩子的坚持，离不开他的兴趣和家长的引导

有些孩子，在参加兴趣班体验课时，表现出很大的兴趣，可是等真正报名上了兴趣班后，他却不愿意了，或是动不动就不肯去。面对孩子的反复无常，家长总会很迷茫：怎么做才能让他坚持下去呢？

首先，要选孩子真正感兴趣的。兴趣是让孩子坚持下去的最大驱动力，那么，要怎么判断孩子对兴趣班是否真正感兴趣呢？

更多的是要看孩子上完兴趣班的表现。如果他每次上兴趣班的状态都是放松的，上完兴趣班后都是开心的，那么他偶尔的抱怨并不会影响他对兴趣班的坚持。比如，年糕小班时上街舞班，虽然他一直挺喜欢跳街舞，但有时也会说："我再也不想去上课了。"不过在坚持带他去上完课后，他又会说："我还想再跳一会儿。"虽然平时他很讨厌在人前表演，可是在街舞汇报演出那天，他又很开心。所以，年糕能一直坚持上街舞班。

另外，孩子能不能坚持，还要看家长如何引导。这里，我想分享一下闺密虎皮妈的故事。

虎皮妈的女儿曾经因为好朋友练跆拳道，便也哭着喊着要去。结果练了一年，她就不肯再去了。虽然很无奈，但虎皮妈也同意了。

后来女儿又想学钢琴，这次虎皮妈没有马上答应，而是拖了将近一年的时间。在这一年里，她反复问女儿是不是真的想学钢琴，还带着女儿一起逛琴行、选老师……让女儿亲身参与各种上钢琴班的准备活动，让她体会机会难得，从而珍惜并坚持。

然而，随着练习的日渐枯燥和练习曲目的难度加大，女儿果然又不肯继续练琴了。

这次，虎皮妈就带着女儿回到了当年的跆拳道班，让她看看之前和她一起学跆拳道的孩子，看看他们都取得了怎样的成绩。然后，虎皮妈问女儿："你现在还会跆拳道的基本动作吗？"女儿摇头说已经忘光了。

于是，虎皮妈告诉女儿："放弃很容易，但是你看，一旦你放弃，你之前付出的所有艰辛、做出的所有努力都将归零。只有坚持下去，你才能变得越来越厉害。"

需要注意的是，家长只负责引导，最终的决定权还是要交给孩子。

有些家长可能觉得，强逼着孩子去上兴趣班，等孩子度过了"瓶颈期"，自然就能坚持下去。但有些家长则担心：硬逼着孩子去上兴趣班，会不会给他造成心理阴影呢？

这样说起来，我自己还真有个类似的惨痛经历。小时候，我爸妈让我学二胡，但他们不懂鉴赏，也给不了我任何指导，就是纯粹觉得女孩子应该学个乐器。他们每天给我定个闹钟，规定我练习一个小时。这段莫名其妙又枯燥痛苦的练二胡经历，直到现在都是我心头的一抹阴影。

　　所以，对于要不要强逼着孩子去上兴趣班，家长要看孩子的情况来决定。毕竟，相比特长，健康的心理更为重要。

　　其实，只要家长给予孩子充分的自由和尊重，等他长大一点，他自然能发现自己的兴趣所在，这时对于上兴趣班，甚至不需要家长的过多干涉，他就能自发地坚持下去。

真正决定智商的，
是思维方式

有天晚饭后下楼散步，我和糕爸聊到了最近在做的选题，说网上流传着一个给孩子吃活蝌蚪下火的"偏方"，打算做个辟谣。听到有人吃活蝌蚪，年糕惊讶地张大了嘴巴："吃活的小蝌蚪？不会有寄生虫吗？"

我和糕爸都笑了，最近正在陪年糕读人体健康的科普书，寄生虫这一节让他印象深刻。

肯定了他能提出这么好的问题后，我告诉他，蝌蚪里确实有一种叫"裂头蚴"的危险寄生虫，被吃进去后会随着血液流到全身各处，甚至还会跑到我们的大脑里。所以，我们不能相信这样的"民间偏方"，还要让更多的人知道这些都是伪科学。

听完我的解释后，年糕连连摇头："要是有人给我吃蝌蚪我就不会吃，我可是知道寄生虫的！"他一边说，一边学着绘本上的寄生虫做了个张牙舞爪的鬼脸，跑开去玩了。

这让我不由得感慨：凭借简单的科学知识，一个 5 岁的孩子都能洞察谣言中的漏洞，为什么对"绿豆治百病"之类的谣言，很多大人反倒深信不疑呢？因为决定一个人对事物认知和判断能力的，并不完全是知识和经验的积累，而是他能不能在科学知识的基础上，通过观察、判断、推理进行独立的思考。

我和糕爸对年糕的教育有着深刻的默契：我们最看重的，是如何让他将来能够保持勇敢质疑、独立思考的科学思维能力，对于他能认多少字、会多少算术法，我们倒不是很关心。

数学启蒙：科学思维能力的底层建筑

对市面上那些火爆的儿童珠心算、奥数班，我非常不理解：让孩子练习几秒之内做多少位的加减法有什么意义呢？如果要比拼运算速度，电脑可比我们人脑强多了。

年糕现在想要计算几加几等于几，就已经知道去用计算器了，这在我看来也是掌握了一项提高效率的技能，并没有什么不好。

很多人对数学学习的理解非常狭隘。举个很简单的例子，小区里很多老人经常炫耀自己家孩子不到两岁就可以从 1 数到 100，甚至有的倒着数都没问题。但你让这些孩子去拿 5 块饼干，他可能就不知道该怎么办了。这样的数学学习，又有什么意义呢？

其实，数学并不只有枯燥的公式、乏味的计算，数学学习也可以很有趣。比如每次开车出门，我们都会让年糕数一数：车上有几个人。一开始，年糕经常忘记数自己，渐渐地，他的正确率越来越高，也越来越深刻地理解了，"4"这个数字代表了车上有 4 个人。

如果计划周末带年糕去游乐场玩，他就会无数遍地问什么时候去游乐场，我就会在日历本上圈出去游乐场的日子，然后和年糕一起数一数还剩几天。年糕两岁的时候，我们问他全家人的年龄谁大谁小，他也能煞有介事地回答："爸爸大，妈妈小，年糕一点点。"

数车上的人数、理解日期的概念、对大小进行排序，这些都是建立数学认知、开发逻辑思维的过程。在我们的生活中，数学无处不在、无时不在，多年的实践经验让我知道，数学最关键的作用，就在于它能够使我们的思维严谨、逻辑清晰。

死记硬背 1+1=2，都不如启发孩子的数学思维更重要。数学思维是什么？就是对数学这个系统的框架的理性认知和综合运用。数与量、几何与空间、逻辑关系（分类、序列、规律）就是数学系统的三大框架。

数学启蒙，应该是解放数学学习的格局，让孩子发现学习数学是一件很快乐的事，并且给孩子充分探索的自由。

科学思维：让孩子像科学家一样对世界充满好奇

科学家探索世界的方式是，提出设想，找到证据，再去验证或推翻假设。这其实也是孩子探索世界的方式。每个孩子生来就有像科学家一样的思维方式，他们通过这样的方式来建立对世界的认知。所以，每次年糕对什么感兴趣的时候，我都会尽量引导他向着发现问题、分析问题、给出解决问题的假设、推论假设的结果、验证假设这五大逻辑步骤，去发展他的思维能力。

只要家长用心，生活中处处都是这样的机会。

有一次，我们带年糕去肯德基，他就对儿童套餐中的小黄人玩具特别感兴趣。摆弄来摆弄去，他突然发现：小黄人为什么有的时候会唱歌，有的时候不会呢？我们就和年糕一起反复研究，发现小黄人脚底有两个小铁片，放在铁皮桌面上就会唱歌，放在手上、塑料餐盘上就不会。糕爸告诉年糕，小黄人里面有个电池，在金属桌面上就可以形成闭合的回路导电唱歌，木头、塑料这些是绝缘体，就不能导电让它唱歌了。

导体、绝缘体、闭合回路，这些新鲜的词语让年糕很感兴趣，他把小黄人放到纸杯上、玻璃上、沾了水的桌面上，开始尝试了解哪些是导体、哪些是绝缘体。只要小黄人一唱歌，他就兴奋地大喊"导体、导体"。反复验证很多次，年糕终于发现，原来大部分金属是导体，木头和塑料是绝缘体，他为自己这个新发现高兴了很久呢。

对孩子来说，任何学习过程都不是孤立的。当有了一个知识起点之后，带着孩子去做更多的发散、更广的思考，根植于知识的思维之树才能生长得更茂盛。

之前，我们用鸡蛋和盐做实验，帮年糕理解什么是"密度"，什么是"浮力"。有一次，糕爸点了一杯带冰的饮料，里面浮着几个冰块，小家伙看了半天，然后问我："妈妈，冰块的密度比水小吗？你看它浮起来了。"还有一次，他的牙膏沉到了水桶底，他就说："牙膏太重了，浮不起来。"

这样的讨论现在经常在我们家发生，虽然他不是每次都能把原理说对，但是，我能明显感受到，我的孩子已经开始学着用"科学"的思维来考虑问题。

大脑在处理信息时，本能地想将任何新知识组合到已知的框架中。思维就是带孩子认知不同系统框架的过程。也就是说，想要孩子学东西更容易，首先他的脑海里要有关于这门知识的框架，这样大脑就容易理解并产生愉悦感，才会有方向、有步骤地去主动学习。

看到孩子利用思维循着知识的线索，开始探索科学世界中的真相，真的感觉太棒了！

对孩子的知识启蒙，我非常赞同一句话：科学不仅是一种知识体系，更是一种思维方式。对于年糕来说，我不想太功利地去探讨知识启蒙对他的学习成绩有多少帮助，但我知道，对一个 6 岁以下的孩子来说，了解"这个世界是如何运转的"，是一件特别重要的事情。这也是我最想给他的教育：与兴趣、实践紧密连接在一起的学习。

知识不应该只是停留在书面上、兴趣班里。设想一下，如果经过寒窗苦读拿到漂亮的成绩单，孩子依然只是一个会听信伪科学去吃活蝌蚪的"人体移动硬盘"，那将是一件多么可怕的事情！

只有带孩子一起经历过学习和探索知识的过程，才能让孩子在辨别、判断和验证的同时，保持独立思考的能力，才能让他在未来不断打破边界，发现更精彩的人生。

工具篇
阅读银行

阅读银行

1. 选书标准

阅读，是我们陪伴孩子最重要的一部分。网络上，各种书单、榜单很多，怎么才能不迷失其中，又能结合孩子的口味选对书？

这里有两个选书标准，可以给家长们一些参考：

标准1：孩子的年龄＆认知发展。

● 0 ~ 1岁是孩子从知觉到认知发展的黄金时间，刺激大脑的认知能力，是这个阶段的养育重点。因此，带图案的，尤其是复杂图案的黑白挂图，打乱可以重拼的面部特征拼图玩具书，是这个阶段的首选。

● 8 ~ 12个月，婴儿对爬行和寻找隐藏物体的热情很高，《猜猜我是谁》系列就特别符合这个年龄段特点。看似很简单的捉迷藏游戏，却给了孩子客体永存的强大经验，能帮他产生安全感。

● 1 ~ 2岁，探索世界的爆发期。这个阶段的孩子，探索世界的欲望非常强烈。这时候用洞洞书、触摸书、游戏书满足孩子的好奇心和探索欲，是更好的办法。

● 2 ~ 4岁，表征活动爆发期。所谓表征活动，就是借物喻人。因此，你想讲什么道理的时候，用绘本里的小动物或人物讲给孩子听，效果会更好。另外，好的童书一定能反映真实世界，比如《小猪佩奇》系列。因为每一个场景、人物的每一种反应，都来自孩子熟悉的日常生活经验，却又比日常生活更美妙。此外，这个时期的大脑也处于分类的试运行阶段，孩子喜欢知道和分类有关的知识，这可以帮助他们厘清求知欲旺盛的大脑里那些过载的信息。这时候，多带孩子玩一些和分类有关的游戏书、贴纸书，能激发孩子对知识的兴趣。

● 4 ~ 7岁，更期待了解真实的世界。这个阶段，其实是带领孩子认知真实世界的黄金时间，而认知真实世界最有用的工具就是科普书。另外，科普书还有一个好处，它有很多说明性语言，这是孩子在学龄后最常使用的语言。早点熟悉，对孩子适应学龄后的课堂，会有很多帮助。

标准 2：图书的功能和分类。

想让孩子爱上阅读，一个好办法就是为他制作一本"阅读存折"。阅读存折一方面是为了给孩子成就感，另一方面是为了让孩子的阅读做到"营养均衡"。

跟我们吃饭讲究荤素搭配一样，阅读也讲究各方面类型和题材的涉猎。

童书大概有这几种功能分类：

0 ~ 2岁：认知书、游戏书、触摸书、洞洞书、手偶书。

　　3 ～ 6 岁：绘本（图画书）、百科书、益智启蒙、英语、动漫卡通、儿童文学。

2. 阅读存折

　　这里给大家推荐的阅读存折，较之幼儿园常见版本更贴合实际、直观可亲。

　　它最贴心实在的好处是，每读完一本书就是在完成一个简单的句子：今天我和谁一起，花了多长时间，读了一本怎样的书，我最喜欢它的什么。

想拥有属于自己孩子的阅读银行？打开微信扫一扫，关注"年糕妈妈"公众号，在对话框里回复"阅读银行"，即可获取为你精心设计的阅读银行。

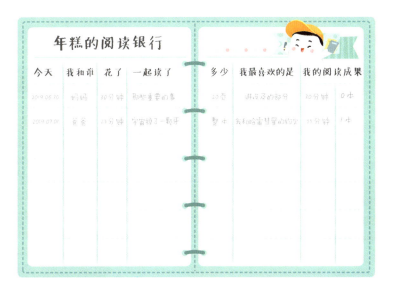

今天	我和谁	花了	一起读了	多少	我最喜欢的是	我的阅读成果	
2019.06.30	妈妈	30分钟	那些重要的事	20页	讲公爵的部分	30分钟	0本
2019.07.01	爸爸	28分钟	宇宙掉了一颗牙	整本	我和哈雷彗星的约定	28分钟	1本

更平和的家庭，
更阳光的孩子

现在大家都爱说要让孩子"赢在起跑线上",也逐渐认同父母才是孩子的起跑线。

2019 年高考成绩公布后,理科高考 730 分、数学英语双满分的广西南宁考生杨晨煜备受关注,网传杨同学一家子学霸,父母都毕业于清华大学等名校。后来,杨妈妈做出了回应,她和爱人都毕业于广西的大学,"平和、稳定的家庭对孩子最好,跟父母的学业没有关系"。

乐观平和的妈妈、积极参与育儿的爸爸、一家人温馨有爱,这种充满爱的环境才是培育亲子关系的基石,当我们在育儿中总是把目光投射在孩子身上时,却往往忽略了这一点。

面对外界激烈又充满变数的竞争,只有亲子关系才能把所有人拉回到同一条起跑线上。

在这一章里,我会告诉大家,"育儿先育己"的本质,是亲子关系里"榜样的力量"。大部分育儿书告诉我们的是要怎么对待孩子,而其实,建立理想的亲子关系,先要解决父母自身的问题、家庭环境的问题。

更重要的是,不管是父母的自我成长,还是理顺家庭关系,需要的只是多做那么一点点。

吼了孩子，
我还是好妈妈吗

吼孩子不好，打孩子不对，这已经成为这届妈妈们的共识了。

有太多育儿文章在不断地告诫我们，父母吼孩子，给孩子带来的心理冲击和生理伤害到底有多大；不吼不叫才是合格父母该有的修养。

渐渐地，这种说法似乎成了一种魔咒。忍不住吼了孩子的妈妈，会陷入深深的后悔、自责，会因此怀疑"我不是个好妈妈"，担心"我的亲子关系破裂了吗"。

其实，与妈妈的这种情绪包袱，或者说想要成为完美妈妈的心魔相比，偶尔失控吼了孩子并没有那么可怕。

坦白说，我也经历过许多亲子关系告急的时刻。

我承认，我打过年糕

年糕4岁时的冬天，在一个平淡的周末夜晚，在我第N次喊年糕去洗澡被拒绝了之后；在我脱下他裤子，他却乱蹬乱踢哭喊着"不要"的时候；在老人焦急地念叨"这样不行的！感冒了可怎么办！"的背景音中；在他激烈反抗，甚至还伸手打在我脸上的时候；我吼了他，嚷了他，甚至还在他身上拍了两巴掌。

这是年糕出生以来，我们之间发生的最大一次亲子冲突。

那一刻的我就像跌入陷阱的猛兽，疲惫焦躁，脑子里只有一个念头在死循环：给我去洗澡！给我去洗澡！给我去洗澡！

就这样，我粗暴地把年糕扔进了澡盆。

我给年糕洗完澡、抱上床，年糕哭着说："妈妈，你为什么要把我扔进水里啊？"直到这时，我才终于从我的情绪里出来了，当时我的感觉糟透了：天哪，我到底在干什么？无视孩子的感受，不讲理、不沟通，简单粗暴不耐烦……作为妈妈不该犯的所有错误，我都犯了。

我知道自己搞砸了，但不可思议的是，我也突然有了一种释怀甚至隐约的放松。我意识到，原来我已经累积了这么多的负面情绪，这些情绪在我身体里横冲直撞、寻找出口，把我变成了怪兽妈妈。这时我才突然能够理解，年糕的感受应该也是一样吧。

冲突发生前，因为出现手足口病例，年糕所在的幼儿园停课两周，而年糕也刚刚从一次呼吸道感染中恢复过来，夜里总是有哭闹醒来的时候。

生病的小孩总是要"作"一些的，更何况每天闷在家里，格外盼望我们下班回家陪他。

虽然我和糕爸还是会争取挤出时间来，但是年底有堆积如山的工作需要清零，再加上夜里因为要哄他自己也睡不好，对他的陪伴不知不觉地就潦草起来。

就算还是会和他一起看本书、搭个乐高、上一节英语儿歌课，但是我做每件事可能都藏着这样的潜台词：赶紧把他哄好了送上床，我还要去开会、看稿、打一个面试电话……

陪伴的投入度不够，我自己知道，年糕也知道。

只是，当我觉得自己能掌控一切，还在规划着等忙完了再好好陪他，把这个"情感赤字"填补上的时候，他爆发了，顺带也把我引爆了——BANG！

原来，我也累了。

吼了孩子不要紧，情感急救很重要

就在亲子冲突爆发后的那天晚上，我和年糕终于坐下来好好聊了一次。

我对他说："你刚才很生气，对吗？我好像能理解你当时为什么反抗那么激烈，因为你从来都没有被这样对待过，是吗？"

年糕点点头。

我又问他："我们给你洗澡，给你穿衣服，你都说'不要'。其实你只是想说'不要'，你根本都没听清我们在说什么，是不是？"

年糕一下子笑了，大概他也觉得自己当时很傻：明明冷得要死，为什么就是不要不要不要呢？

我也理解了他的感受：把他的裤子脱下来、将他丢进澡盆，对我来说这只是洗澡的一个步骤，但对当时的他来说，却是一种被力量压迫的极大差辱。

这个时候，小孩脆弱的自尊心差不多被粉碎式地摧毁了。其实，我不是也一样吗？我总是一遍又一遍给妈妈们安利游戏育儿，告诉大家让孩子乖乖洗澡刷牙有一百种方法，可是我也陷入"你为什么这么不听话！你为什么不能去洗澡"的黑洞。也许，我也只是想用这种方法，来说"不要"吧。

我问年糕："你小的时候，爸爸妈妈对你总是很有耐心，现在你是不是觉得妈妈有点没耐心了？"

年糕想了想，表示同意。

我告诉他："因为你长大了、变强大了，妈妈觉得你不像小时候那么脆弱了，就会有点偷懒。妈妈呢，有时候是会心情不好的，而你现在也有了你的情绪，当你的情绪跟我的情绪撞到一起的时候，我的情绪也会被激发。"

我跟年糕谈了很多，不仅承认了自己的错误，还给他讲了自己内心的脆弱，讲我的工作、我每天在公司里忙的那些事，讲我遇到的困难……讲着讲着，我的眼泪就控制不住了。

那个时候我发现，其实承认自己的失败并不可怕。生活里总有撕扯，耐心总有用完的时候。当我愿意承认我也有支持不住的崩溃时刻，我一下子好多了。

听我讲完这些，年糕说："妈妈，我抱抱你。"

我又哭了，这次流下的是温暖的眼泪。

"我们俩刚才好像两座火山啊！我是大火山，你是小火山。"我跟年糕说。

我们都很幸运，这次火山爆发最后带来的不是伤害，而是暖洋洋的拥抱。

那天晚上，年糕突然就睡得很安稳，不再频繁夜起哭闹，白天的时候也变回了那个情绪稳定、对世界充满好奇的孩子。

好妈妈的弦不必绷那么紧

当年，王菲曾对自己的小孩说过一句很有名的话：你可以不太乖。

其实这句话对妈妈而言也是一样的：你可以不那么完美，当个好妈妈的弦不用那么时刻紧绷。

"吼了孩子，我就不是个好妈妈了吗？"

"我的孩子会因为我的情绪受伤吗？"

"亲子冲突会给孩子留下阴影吗？"

其实，这些都不是大问题。我们每个人都有情绪失控的时刻，父母对孩子发了脾气之后，并不意味着一定会给孩子留下伤害，给孩子留下阴影，只要你记得事后和孩子平心静气地沟通、道歉。

一直以来，我们家几乎没发生过亲子冲突，或者说，我一直害怕发生冲突，怕它给孩子造成伤害，更怕它伤害我们的关系。在这种情况下，我不仅一直小心翼翼地呵护着孩子的情绪，还把自己的情绪"割掉了"，总是要求自己忍耐和表现完美。但是，好父母并不意味着不能有情绪，比起"割掉情绪"，更重要的是教会孩子怎么理解情绪、处理情绪；当情绪出现的时候，如何带着孩子把这种"失败"变成一次彼此理解的机会。

现在，年糕长大了，比起表现完美，我更渴望得到他的理解。我很惭愧，孩子总是那么容易接纳我们的错误，原谅我们，可我们总会给自己找借口，一不小心就成了蛮不讲理的大人。

那次冲突之后，随着年糕心态的转好，我的内心也得到了和解。我承认，年糕不是完美宝宝，我也不是完美妈妈。其实原本这世上就没有什么完美，能够和孩子一起成长，我们已经足够幸福。

女人 30，
更重要的是找到自己

女人 20 岁可以卖萌，40 岁可以炫富，30 岁呢？

对我来说，30 岁是一个货真价实的人生分水岭。

仿佛上一秒，我还是个穿着粉红裙子怀抱少女心的小公主；到了下一刻，我突然成了一个蓬头垢面在家奶孩子的妈妈。

30 岁那一年，我遭遇了生活真相的暴击，也经历了打碎自己又重塑自己的奇妙旅程。

30 岁时才发现，所谓"岁月静好"都是骗人的

在 30 岁之前，我曾以为相夫教子是女人最好的归宿。

我出生在浙江西部的小城市，从小父亲对我的学业要求很高，他给我规划的人生道路，是顺顺当当读完七年医科，回到本地当医生，然后嫁人，过上安稳、体面又平淡的生活。

大学毕业时，我已经当了二十多年父母和朋友们眼里的乖乖女。就业时，我拒绝了医院的录用，并且不顾父母反对，找了个外地男孩谈恋爱，那已经是我人生最大的叛逆了。

毕业一年后结婚，我心里想的是，一头扎进婚姻铸就的安稳世界，

从此岁月静好。

在这个安稳世界里，我每天上班的主要任务就是等待下班，思考晚上吃啥，从来没有想过所谓"理想"和"自我价值"这样的事情。

工作四年，我没有得到过一次晋升，乐于当一个平庸的小职员，期待着早点当妈妈。

2013 年，我怀上年糕，我们第一次有了属于自己的房子。拿到房产证的时候，我俗气地写道：这种尘埃落定的幸福感几乎要让人落泪。

年糕出生后，我全职在家带娃，我所期待的美好生活也仅止于这间屋子，仅和这个男人、孩子有关系。

在我当时的畅想里，关于人生赢家的场景是这样的：丈夫推着婴儿车，妻子挽着丈夫的手臂，两人一边走一边说笑，阳光暖暖地洒在他们身上，泛起一层美美的光……

很多女人的生活大概就是从这样的期待开始，然后一日一日，安稳世界成了困局。

伴随着"妈妈"这个身份呼啸而来的，是必须直面的生活真相。

我搞不定一晚上要醒好几次吃奶的年糕；我怀疑老公每天加班那么晚回来到底在干吗；月子里婆婆做了很多好菜送过来，让我多吃点，我却敏感过度："你不就是希望我奶好一点，把你孙子喂胖点嘛！"

就这样，婆婆也被我赶走了。

年糕两个月大时，筋疲力尽的我只能转向父母寻求帮助，却得到这样的消息："女儿，爸爸脑子里的肿瘤复发了。"

于是，我在医院附近找了家旅馆，白天安排父亲做开颅手术、住院的事情，晚上自己照顾年糕，那可能是我人生里最糟糕的时刻。

累到失去理智的时候，我哭着对刚动完手术的父亲说："为什么你们在这种时候不能帮我，让我一个人那么惨！"

生活一地鸡毛，完全不是想象中的"岁月静好"。

30 岁找到自己，一切都还不晚

比身体劳累更可怕的，是心里的迷茫。那时候，糕爸一路升职，500 强企业里年仅 30 岁的总监，正是春风得意的当打之年，而我完全成了一个囿于家庭的全职主妇。

因为糕爸总要加班，我干脆让他去住书房，仔细算算，年糕出生后他住了一年书房。很多时候我会有些惊恐地发现，他对我说的带娃日常并不感兴趣，而我也听不懂他说的那些工作上的事。

每天抱着孩子送糕爸出门上班，我都有种深深的失落。

后来，我读到《女性的奥秘》里所描述的：当她在铺床时、买日用品时、配沙发套时、同孩子一块吃着花生酱三明治时、开车送他们参加活动时、夜间躺在丈夫身旁时，她甚至害怕默默询问自己："难道这就是一切？"

我几乎落泪。

我终于明白，这种精神上的痛苦是社会价值缺失所造成的。

原来，我要直到 30 岁，才能发现自己内心最大的秘密：是的，相夫教子并不能够满足我，我还想为自己活着。

我相信，每个女人在家庭生活里，都曾面临这样的困境。

幸运的是，我开始了写作。在妈妈群里的朋友们的鼓励下，我注册了"年糕妈妈"微信公众号，从我着手调整年糕的睡眠到给年糕制作第一口辅食，一点一滴地记录着养育年糕的经过。

我一下子变得很忙，要趁年糕睡着后拼命看书、查资料、写文章、后台排版……真的很累，但是，我也真的感到很满足。

记得那时候，年糕睡眠质量很差，一觉只能睡25分钟，我就定20分钟的闹钟，写20分钟就去看一下他，哄着他继续睡，然后回去继续写。

我渐渐发现有妈妈在朋友圈里分享我的文章，发现"年糕妈妈"的订阅用户一直在增多，发现有越来越多的人留言说我写的东西很有用。这时，我第一次找到自己在家庭之外的价值，实实在在地收获了影响人、帮助人所带来的成就感。我终于找到了我甘愿为之奋斗的东西。这是命运对我的"召唤"，让我找到自己的使命感。

我写了上千篇文章，在一次次重复和坚持之后，"年糕妈妈"有了八位数的订阅用户，做出了自己的商业模式，拿到了融资，有了不小的团队。但是，这些成就必然伴随着高强度的工作——真的不可思议，一个原来拿上班当混日子的已婚妇女，居然在生娃之后变成了工作狂。

这样忙碌的状态让我一下子和整个世界都和解了：不再看老公不顺眼；跟父母打电话也不会说着说着就哭了；我还主动邀请公婆来和

我们一起生活，帮忙照顾孩子，直到现在。

所以后来，我总喜欢跟团队小伙伴们说这样一句话："忙是治疗一切神经病的药。"

女人 30，我不再期待别人的拯救

故事讲到这里，相信大家也看出来了，孩子难带、婆媳矛盾、夫妻不和……女人当妈第一年容易遇到的所有糟心事，我都遇到过。

从来没有人告诉我，30 岁原来是这样的。一夜之间，你成了妈妈，你上有老下有小，生活突然就要求你拿出一个人走夜路的勇气，去面对、去承担。

30 岁那年，我最大的感受就是神仙也救不了我，我必须自己走出来。

也许每个过得很拼的 30 多岁的女人，都有过这样的挣扎和顿悟。

在小说《我的前半生》的开头，幸福主妇罗子君信奉的教条，是"做主妇不需要天分，但需要运气"。后来的故事，大家都知道了，没有人能永远靠运气生活，但是所有人都可以靠努力生活。

日子是自己过出来的，妈妈必须强大起来，才能成为养育孩子和协调家庭关系的主导者。

我强大的源头，是想成为一个好妈妈，想成为一个不错的自己，想做一些有意思的事情。当我开始用文章影响更多妈妈的时候，我找回了自信，也有了强者心态。这是生活教会我的道理：原来，我不需要等待谁来拯救我，我可以自己改变现状。

很多人说我是在 30 岁完成了人生的逆袭。我更愿意相信，是成为妈妈给了我直面生活的勇气，我的孩子就是让我找到自己的那把钥匙。

这也许就是养育孩子最动人的地方，我们在引领孩子的成长，孩子也在引领我们的人生。

要求孩子前，
先要求自己

年糕快满 5 岁的时候，有一天发现我在收拾行李。

"妈妈，你要去哪儿？出差吗？"

"不是出差，妈妈要去上大学！"

"妈妈你为什么要上大学？你不是已经是工作的大人了吗？"

身为一个小孩子，年糕隐约知道自己要踏上的路：上小学，上中学，上大学……他还不太能明白，"一把年纪"的妈妈怎么还要去上大学。

"因为妈妈喜欢学新东西啊！你看，妈妈去年还和你一起学英语了呢。而且，我们不是还约好，今年要一起学网球吗？你 5 岁可以学，妈妈 30 多岁也可以学，如果爷爷奶奶想学，也可以加入，学习和年龄本来就没有关系。"我这样告诉年糕。

作为一个正在迈入中年行列的妇女，我在 34 周岁生日前收到了湖畔大学的录取通知书，初步实现了给自己制定的 2019 年度小目标：重新去上学。而年糕从懂事起就知道，他有个喜欢"学习新东西"的妈妈。

从制定目标到实现目标，全靠坚持

给自己制定年度小目标这件事，我已经坚持了两年。说起来，这个目标有点自私，它和家庭、孩子、事业发展都没有什么直接关系，完全是我个人的小心愿，是那些我自己一直想做而又没有做成的事情。

这是我 2018 年度的个人小目标：

开始健身，把自己从每天都很疲惫的亚健康状态中拉出来。

学会游泳，可以完成人生第一个 1000 米蛙泳。

摆脱持有驾照却不敢上路的状态，做到可以独立开车上下班。

练习英语口语，以及启动整牙。

后来，我全部做到了。

于是，2019 年，我又给自己写了一版新的个人目标，其中就包括和年糕一起学网球，以及重新去上学。学网球这件事因为发糕的到来暂停了，但是我风雨无阻地挺着孕肚去湖畔大学上课，还保持着每周去游泳的节奏。

在忙碌的工作和家庭琐事之外，还留有自己的进步空间，我是怎么做到的？要留出时间做自己的事，时间管理和提前规划当然都很重要，但最重要的只有两个字：坚持。

就拿学英语来说，我请了一个外教，规划了每周 3 ~ 4 节英语课的强度，还踌躇满志地请教老师有没有快速进步的办法，但是他说："你需要的是时间和积累。"

归根结底，学习这件事就是反人性的，哪有什么舒服和快速的学习方法。学习语言，就是要沉浸环境、大量练习，自始至终都不存在什么捷径。

于是，整整一年，我都在"啊，又要去上课了""今天好不想上课啊"的状态下咬牙苦撑，终于到年底的时候，我在公司年会上完成了脱稿的全英文演讲。

当时，我们邀请了一些妈妈用户来参加年会，演讲结束后，我被问到最多的问题是：糕妈，快跟我们分享一下你是怎么学英语的。

说实话，对于我自己来说，最有成就感的并不是台上的风光一刻，而是台下这一年的坚持。没有任何偷懒的办法，真正有用的就是当时看不到希望的笨功夫。而对我来说，学习英语这件事并没有结束，我会继续下去，因为想要真正掌握英语，真的需要坚持很久。

再说，现在大家都以为我"英语很好"，我不得再努力一把，将它变成事实吗？

婚后停止自我成长，才是女人的困局

就像年糕问我的问题一样："为什么大人还要去上学？"作为一个中年妇女，我为什么还要坚持做这些，把自己弄得这么痛苦？

回想已婚未育的那段时间，每天下班，当我像每一个家庭妇女一样窝在沙发里追剧时，糕爸曾经向我发出过灵魂的拷问："你每天看《甄嬛传》，到底学习到了什么？有什么进步吗？"

当时，我一下子就火了："我上了一天班回来，就不能放松一下吗？我一个结了婚准备生娃的女人，还要进步什么？"

其实，糕爸就是想建议我有时间多看看书，而我认为他是在嫌弃我。我那时有种理所当然的心态，我都结婚了，现在顾好老公，以后顾好孩子，不就可以了吗？我的人生还要怎么样呢？

这种认知上的隔阂，伴随着年糕出生和糕爸升职的同时到来，爆发了。

现在说出来不怕丢脸，那时候真是每天都要作一下——喊糕爸早点回家，还要求他一定把我的照片摆在办公桌上——一个人在家带孩子时胡思乱想，简直都能凑出一本小说了。

很幼稚、很可笑，但这就是我经历过的生活。

回头想想，那时候我因为糕爸说我看《甄嬛传》而发火，更多的是种心虚：是啊，我以后就要过这种日子了吗？每天想着晚饭吃什么，吃完晚饭看宫斗剧……这样的日子过起来，真是心里发虚。

不得不说，在婚后停止了自我成长，才是女人困局真正的开始。

当岁月静好变成画地为牢，想要打破这种生活方式，就要忘记自己的年龄、身份、重新出发，找到让自己变得更好的办法。

当我学会不断问自己：今天锻炼了吗？听书了吗？变美一点了吗？变好一点了吗？……我就再也没有闲工夫想糕爸的什么女同事了——现在，他最美的女同事就是我啊！

此刻，如果有人问：你看《延禧攻略》有什么进步吗？我应该会毫不犹豫地怼回去：关你什么事？

但事实却是，我已经忙到没时间看宫斗剧了。

我为什么要坚持

所以，再回到那个问题：我为什么要坚持？

当然是因为很开心啊！

有一次，好友群里有人问：给自己买什么生日礼物才能开心？问这话的朋友，是个家境非常优渥的妈妈，家里的房子大到要请两三个阿姨来打扫。"买什么才能让自己开心"，这个问题听起来好像挺矫情的，但对她来说却是真实的困惑。买个包、吃顿大餐、来次奢华旅行，这些对她来说都不算什么，但也谈不上为之开心。

记得那时我正好在学游泳，每天被虐得要死，刚游完我人生第一个 1000 米，于是脱口而出："解锁新技能最开心！我当了 30 多年的旱鸭子，学会了游泳特别爽！"

不是说什么漂亮话，这也是我买得起包以后才懂得的道理——物质和外在能给人的快乐是有限的，而解锁新技能、学会新东西，带给我的却是强烈得多的快乐。

我的所有小目标，咬牙坚持的时候当然很苦，但辛苦是快乐的序章。

学会开车，我得到某种程度的对生活的掌控感，当我需要的时候，我可以不受拘束地去任何地方，包括接送孩子和父母。

坚持健身，我的身体和精神都一齐结实起来。

30多岁才决定整牙，一开始痛得要死，却更让我确信：没有什么不可改变的，什么时候开始都不算晚。

这些坚持都指向同一件事：只要我有勇气去做，我一定可以做到。

每一天，我都在做自我更新，成为新一点、好一点的自己。

何其幸运，30岁以后，我没有过上那种"一眼看得到头"的生活，世界在我面前新鲜得如同刚出炉的蛋糕，咬下的每一口都有层次丰满的滋味。

有段时间，年糕特别不喜欢上英语课，后来发现原来我也要学英语，突然就不抗拒了——妈妈用行动告诉孩子，学习是一辈子的事，学习没有捷径，这比任何追在孩子屁股后面的督促和唠叨都更有用。

这也许就是坚持的意义，做一个更好的妈妈，你自然就会收获一个更好的孩子。

搞定一切的妈妈，
都会时间管理

妈妈们最多的抱怨是，有了孩子后，时间永远不够用！

每天天还没亮，孩子就爬到我们身上，拖着拽着喊我们起床，然后一天的战斗就开始了。

给孩子洗漱、穿衣，准备早餐，做家务，陪孩子玩。然后再重复，午饭、晚饭，一直到晚上洗澡、刷牙、哄睡。孩子睡着后，还要收拾一地的玩具，接着自己洗澡、洗衣服……

忙完这些，妈妈通常已经身心疲惫，体力透支了。就算还有一点时间，也只想赖在床上，看看手机。不为别的，只为犒赏一下自己这一天的辛勤付出。

职场妈妈也是一样，白天忙工作，晚上忙带娃、忙家务，有时可能还要加个班，没有半点喘息的机会。虽然也想充实自己，做点感兴趣的事，但身体却很诚实地对你说："好累哦，还是放松一下，明天再说吧。"

所以，每次我在微博上分享去健身、学英语的行程，被妈妈们问得最多的问题就是：你怎么还能有时间，怎么做到的？

是啊，在那么满的会议、出差以及留出两个小时陪孩子之后，我怎么还能做那么多事情？

答案是四个字：时间管理。

想做时间管理，首先要搞清楚时间从哪里来。

化零为整 + 马上行动，高效利用时间

一说起个人计划和兴趣，很多妈妈都会拿带孩子、做家务挡回去，因为这些都很费时间。

可是你有没有想过，很多时候你很想做一件事，却总是没有去做，也许并不是时间不够，而是被完美主义和思维定式困住了。

比如年糕还小的时候，我在家一边带他，一边写微信公众号文章。我是怎么做的呢？

对当时的我来说，所有文章都只能在年糕睡着后、做家务的间隙写。

于是从一开始，我就非常注重年糕作息规律的培养：睡觉、玩耍、吃饭时间都尽量固定；给他独立的小床，而不是抱在手上睡……科学的育儿方式除了让孩子成长得更好，也会让妈妈带娃更省心省力。

至于做家务，我就更会偷懒了。比如，把脏衣服攒上三天再洗，买那种丢进原料就不用管的电饭煲，把各种蔬菜和肉一锅焖这种比较快捷的烹饪方式，或做一整锅够吃好几顿的炖肉分开囤好。我当时就觉得：不想把时间浪费在厨房里、家务上，而是去做更多有意义的事。

我们一定要认清，当妈以后，时间就是从这些带娃、做家务的间隙中省出来的。在你等还有十分钟洗完衣服的洗衣机、还有二十分钟

要起床的孩子的时候，这些碎片时间你觉得只能干碎片的事，于是它们就被你刷刷手机浪费掉了。而当你整块整块地做家务，也就更有机会留出整块时间给自己。

更好地利用时间还有一个重要原则，就是马上行动。不要总想着整块的时间、完美的准备，也不要追求 90 分，只要你开始做，先做到 60 分也可以。

提前规划，高效利用时间

我看过一本书做了一个详细的表格，列出一个人一生的时间是怎么浪费的。比如，等红绿灯就要花掉六个月，找东西要花掉十五个月。

不过，跟刷手机比，这些都不算什么。

有人详细测算过，自己一天无意义刷手机的时间竟然超过三个小时。

如果你能够停止刷手机，时间是不是会多出很多？怎么做到呢？

既然时间需要"管理"，那事半功倍的方式一定就是提前做好规划。

平时会议很多，排不过来怎么办？我就要求大家，要提前两天来和我预定会议时间。

除了工作，我还要保证自己的健身和学习计划，就都提前一周和教练预定好：下周哪天健身、哪天游泳、哪几天上英语课，都列在日程表里。

这是糕爸推荐我看的《高效能人士的 7 个习惯》里让我获益匪浅

的一个经验：不同的事情需要的时间就像不同大小的石头和沙子。如果先放了沙子，最后大石头就塞不进去了；先把大石头放好，沙子还可以填进去。所以，我一定会把自己那些重要的、需要完整时间的"大石头"先放好。

这样一来，我最大的感受就是，我能做的事情并没有变少，我砍掉的只是无意义刷手机的时间。

此外，还要培养一些更有效率的习惯，比如在工作时退出微信。需要一块完整的时间写文章的时候，我就是这么做的，一旦离开微信，心无杂念，我就会写得特别快。各种邮件、信息，我会集中在一个时间统一处理回复。相信我，没有那么多必须马上回复的"紧急军情"。

最后你会发现，搞定了那些"大石头"之后，你的时间利用率可能翻倍了。

现在没有人能做到远离手机，但是我们可以做到分时段管理，省出来的时间是你真正有用的。

时间管理，让我们找回生活主动权

曾经有人这么问我："虽然说时间像乳沟，挤挤总会有的，躺下就没了。但是躺着很舒服啊！这个你怎么看？"

我还真有一个答案：这要看你选择是现在的舒服，还是更长远的舒服。躺下，只有现在舒服。如果你不去做时间管理，任凭每天这么没有目的和幸福感地浪费下去，总难免会陷入疲惫—抱怨—失望的死循环。

但是，如果选择规划时间、给自己约束，就会获得更长远的舒服。

比如，孩子睡了，我还要埋头写稿、查资料；别人在追剧，我在健身房举杠铃……这些在当时是很辛苦的，但是回过头去看，我一直在变得更好，这就是时间管理给我的奖励。

我在朋友圈发过一句话：运动应该是为了庆祝你的身体能做这些事情，而不是为了惩罚你吃的那些食物。

其实时间管理也是这样：不是为了补偿以前的浪费，而是为了让现在能变得更好。

仔细想想，除了劳累和抱怨，没有目的地一天忙到晚其实并没有让你变得更好；而当你把时间安排得更好、更合理的时候，你会发现一切都变得更顺心、更容易，也更开心。

毕竟，时间是最公平合理的，它从不多给谁一份，时间是否有价值，就看你怎么用它。

时间管理的本质，不是为了压榨自己做更多的事，而是要找回生活的主动权，找回内心的平静，让我们可以从容享受人生。

就像日本妈妈吉田穗波说的："如果一天 24 小时都自由支配，应该没办法在短时间内念那么多书。如果没有孩子需要照顾，应该有闲情逸致喝咖啡，也就不会那么充满斗志、热血沸腾了。"

吉田穗波在生养、照顾五个孩子的同时，考上了哈佛大学，拿到了硕士学位。跟她比起来，我们也并没有那么缺时间，对不对？

好妈妈胜过学区房

年糕上中班以后，幼儿园家长群里的画风突然变了。"幼升小""学区房""小学面试题"，这些高频关键词每天在群里滚动刷屏。

"好的公办小学一表生都已经要求提前三年落户了，现在买学区房是不是晚了？"

"刚看了一套学区房，老破小，真要搬进去住感觉全家人连腿都伸不开，结果一犹豫房东就说已经卖掉了。"

"我朋友说给孩子转学到某某小学的附属幼儿园，这样能提前锁定一个学位，还为这事儿搬家，太拼了！"

似乎，连空气里都弥漫着焦虑。

处在这样的环境中，人不知不觉被裹挟进去。我急躁起来，总是一晚上一晚上地拉着糕爸商量学区房的事。

有一天他终于忍不住问我："买学区房是为了上好学校、考好大学吧？但是你有没有想过，大学文凭最重要的作用是什么？"

我说："当然是为了找个好工作，一份优秀的简历是最直接快速证明自己的方式呀。"

他又问："如果将来我们的孩子不找工作呢？你怎么确定他将来一定要向别人证明他自己呢？你给孩子规划的，就一定是最好的、他想要的人生吗？"

紧接着，他又追问我："你父母给你规划的路，你照着走了吗？"

你给孩子规划的人生，就是最好的吗

我的父母确实也给我规划过"理想人生"。

他们从小盯得最牢的就是我的学习成绩，当我如他们所愿考上浙江大学医学院后，他们又早早在我们家对面替我置办好了房子，打算让我在大学毕业后，就回老家的医院上班，然后找个老实稳妥的本地男孩结婚生子。

他们心目中能替我设想好的"最棒的人生"是这样的：每天下班到爹妈家里吃个饭，晚饭后还能和老公遛个弯，房贷不用我还，小孩帮我带，连家务都不用我干，安稳地在他们的庇护下当个小公主。

可后来呢？我没有回老家当医生，嫁了外地人，甚至，当我开始做微信公众号的时候，他们根本都理解不了这是怎么回事。

真的，时代变化太快，我们的人生早就不是父母预设的样子。

而现在，轮到我们自己为人父母了，却又开始陷入"惯性误区"：总想拿自己的经验，来给新一代孩子指导，"学区房焦虑"不正是这种思维方式的产物吗？

想明白这一点以后，我更焦虑了。毕竟，学区房能够提供的成功路径很直接、很确定——好的升学率、考上好大学、找到一份稳定的好工作，最后过上富足体面的生活，这已经是大多数人想象中孩子很好的未来了。

如果要推翻这一切，重新去思考我能为孩子的未来做什么，这个问题还能有答案吗？

我不禁开始回望自己的人生。

父母对我成绩的关注到大学后戛然而止。我毕业后做了份看起来没什么前途的工作，他们也像所有传统的父母那样，只是关心"食堂伙食怎么样""能不能准点下班"。

当我开始创业、开始带着几百人的互联网团队起飞、开始睁开眼看世界甚至不断学习新技能的时候，到底是什么支撑我做到的呢？每次当我觉得很难做到、想要放弃的时候，我脑海里出现的那幅画面又是什么呢？

穿过三十年的岁月和模糊的儿时记忆，我渐渐看清楚了那是什么。

比规划人生更有用的，是榜样的力量

在我两三岁时，退伍不久的父亲，带着从农村来的母亲和年幼的我，到一个新的城市开始新的生活。

就在一切刚刚稳定的时候，父亲在一次汽车维修的事故中被烧成了重伤。普通人很难理解"大面积重度烧伤"意味着什么，我到研究生阶段在医院实习时才明白，烧伤科真的是人间炼狱。

父亲的伤是四级伤残，当时他甚至都领到了残疾人证。

父亲出院后，因为双腿行动力大大减弱，一只手也几近残废，单位把他转到了清闲的岗位，还给他办理了公交车的照顾票。但他还是要求正常工作，并且为了复健，执意每天骑自行车上下班。

即便当时还很小，我也依然记得爸爸每天下班后，回家拆开裹在双腿上的绷带都是血肉模糊的；每天清晨，睡眼惺忪间就看见父亲在阳台上正在奋力地举哑铃；即便有再多的困难，他依然是单位里的劳模。

为了应对家庭经济上的困难，爸爸除了白天上班，晚上还会再带着妈妈去街上摆摊。

新年卖卡片、天冷卖衣服，还卖过呼啦圈、各种杂货，在一个个摆摊叫卖的夜晚，爸爸背着货、妈妈背着我，我们一家人始终在一起。

咬着牙一声不吭地和苦难对抗后，他真的又变成了那个能扛煤气罐上楼下楼的男人，我们家的经济状况也一点一点好起来。

我开始明白，父母带给我最深刻的鞭策，不是考差之后的打骂，也不是没文化就要受苦之类的唠叨，而是父亲在阳台上举哑铃的画面，是我看到他们奋斗的身影后坚定的信念："生活是靠自己挣来的。"

这种信念像一颗力量的种子，让我在后来的人生中生出无尽的勇气。

你展现的榜样力量，才是孩子最好的起跑线

"学区房焦虑"的背后，是我们太想为孩子未来的人生尽一份力、

上一份保险了。

似乎，有了一纸文凭，就能保证孩子衣食无忧的幸福一生。

但是，生活的苦难是逃离不了的，高考只是人生的一个小坎。

就像我自己，考上浙江大学后也并没有一帆风顺。工作、生娃、创业……在一个个艰难的深夜里，我头破血流过，也号啕大哭过。

比起咬牙坚持，放弃真的太轻松、太容易了。但是我坚持下来了，哪怕没有任何优势和资源，哪怕遭遇过无数低谷和打击。

到今天，我终于明白，我有韧性，有自驱力，是因为我有一个最好的榜样，我从父亲推着我前进，到现在我自己想要变得更好——这才是伴随孩子一生、无论遇到什么事都能有用的最重要的能力。

人生有很多层次也有很多可能，即使没念名校，但若能抓住其他机会去奋斗、去积极地生活、去承担家庭和生活的责任，就是一种自我价值的实现。

作为父母，给孩子真正有价值的帮助并不在于学区房，而是当迎着生活逆流而上时，你给孩子看到的是怎样的背影。

这是父母给我最好的起跑线，而现在我也想给年糕最好的起跑线。

我给年糕买过一本 DK 的机器人大百科，他和糕爸经常翻看，年糕有时会兴致勃勃地画出他设计的机器人，告诉我"妈妈，未来都是机器人在工作了哟"；有时也会忧心忡忡地问我："妈妈，以后机器人要是失控了怎么办？"

我只能老老实实地回答他："我也不知道答案，也许要等你以后去寻找吧！"

　　既然未来无法想象，那么不如就在当下，从生活的一点一滴开始，陪伴孩子成长，带着孩子去思考、去实践，让他成为一个真正有内驱力、能够对自己负责的人，这不是比一套学区房更有价值吗?

夫妻关系，
是家庭关系的第一位

糕爸"宠妻狂魔"的形象深入人心，是在公司的新员工培训上。

当时他给小伙伴们讲时间管理的"四象限法则"，提到要怎么区分紧急重要、紧急不重要、重要不紧急、既不紧急又不重要的事项时，就问了一个问题："老婆来电话，是属于哪一个？"

当时大家交头接耳，大多选了后两者，这时候糕爸大手一挥，说："错！老婆的电话，永远都是属于紧急重要的！"

自此一语成名。

于是有小伙伴说："我们上班最省的就是饭钱，毕竟吃狗粮就够撑的了。"

虽然这么说有点不好意思，但我从来都不耻于承认，我就是一个全心全意爱老公、依赖老公的中年妇女。不管是在兵荒马乱的创业中，还是在鸡飞狗跳的生活里，我始终相信，应该花时间关注伴侣的感受，把认真维护夫妻关系放在心上。

如果说亲子关系对了，孩子的世界就对了；那么，夫妻关系对了，整个家庭就对了。

"先顾眼前"必将"追悔莫及"

曾经一个二胎妈妈跟我说："两个孩子和一个孩子的最大区别，就是现在老公彻底不上我的床了。"

为了方便夜里照顾孩子，再加上觉得老公帮不上忙，她干脆和老公分房睡。

这种错我也犯过。年糕出生后的第一年，我和糕爸也曾分房睡。后来想起这段经历，我都会用"追悔莫及"来形容，因为这种做法实在是太容易把夫妻关系推进一个恶性循环了：男人不仅不分担夜里带娃的辛苦，也无法理解女人絮絮诉说的那些委屈，甚至还会反过来说："不是你让我去睡书房的吗？"

我能理解把老公赶去另一个房间的妈妈们的那种心态：日子都已经忙乱成这样了，现在最大的问题是把小孩顾好，夫妻的事情回头再说。

很多夫妻关系的隐患，往往就是在孩子出生后的第一年，在这种只能"先顾眼前"的局面里埋下的。

女人独自扛下了夜里照顾孩子的重任，希望能得到男人的理解、感激，但睡得好、吃得好的男人未必会领她的情。人和人的关系，更多是要在"患难中见真情"，不管是对带孩子这件事的投入上，还是夫妻之间的相互包容上，都是要在共同经历、付出之后，才能变得深刻起来。

现在年糕已经分房独立了，而我怀着二胎发糕，我们的大床边很快又会摆上一张婴儿床。但我最确信的一点是：所谓夫妻，一定要能吃到一个锅里，睡在一张床上。

要保证夫妻情感账户余额充足

"我老婆在跟我冷战。"

团队里有个男同学有一次和我们说起他的故事——

他老婆学历高、长得漂亮，当年很多人追，却选择了跟他裸婚，婚后又和他一起扛房贷，他很感激，也很爱他老婆。孩子八个月大的时候发高烧，他在出差，他老婆要上班、送孩子去医院、护理生病的孩子，那些日子过得心力交瘁。等他出差回来的时候，他老婆崩溃地控诉道："我这么活着到底是图什么？"他们因此陷入了冷战。

他不知道自己做错了什么："她很辛苦，我也一样啊，而且，大家不都是这样过的吗？"

我告诉他："你是很重视你老婆，但是你没有把你老婆的感受放在第一位。"

我告诉他一个概念：夫妻情感也有一个账户，需要不断往里存入感情，这样在面对问题时就可以救急。

在生活的战壕里，很多人都会这样——困于眼前，每天睁开眼就是工作生活、孩子老人，总觉得伴侣是和自己一起扛枪的战友，虽然心里知道伴侣很重要，却并没有过多关注伴侣的感受。这样日复一日地消磨，夫妻关系变成了一种按部就班的无聊秩序，夫妻情感账户只有支取，没有存入。

我和糕爸在婚后头两年就是这种状态，我偶尔会抱怨："以前你还会给我送礼物，现在怎么啥都没有了？"

糕爸就会像这世上大部分男人那样说："老夫老妻了，还要这样吗？"

这种被忽视的感受，让我在婚姻里也曾经变成一个怨妇，总是疑神疑鬼，把糕爸的漂亮女同事当成假想敌，也曾经发出那样的疑问——我这么活着到底是图什么？

后来我明白，夫妻之间，除了一起照顾老小、维持家庭的恩义，还需要有"爱慕"。这种爱慕，就是超越日常生活的、脱掉各种身份之后，眼里还能看到彼此，觉得对方有动人之处的爱意表达。

我从来不吝啬对糕爸表达我的爱慕，糕爸呢？作为一个笨拙的、粗线条的理工男，他也一直在努力：每次我生日、各种纪念日之前，他就开始到处找人咨询该给我送啥。我当然也很辛苦的，我最辛苦的部分就是得一直装着不知道，拿到礼物还得表现出一脸喜出望外的惊喜、不可思议的感动……非常考验演技啊！

至于那位小伙伴，因为我和糕爸的示范，后来他做了一件特别棒的事情：每年策划一次夫妻单独旅行，当作对情感账户的存入。

爸爸妈妈才是不可分开的

很多人会觉得，有了孩子就该跟恋爱时不一样了，就该把孩子放在第一位，把孩子扔在家里自己出去玩，不是不负责任吗？

我从来不这么想。放假的时候我们去住山里的民宿，朋友说可以散步去看花田，我和糕爸手牵手就走了，年糕小朋友自觉地屁颠颠跟在后头。朋友开玩笑说："你们两个人，怎么整天搞得像在拍偶像剧一样！年糕好像是多余的。"

我理直气壮地说："对啊，在我们家，年糕很清楚爸爸妈妈才是不可分开的。"

在年糕面前，我们从来都毫不克制地表达对彼此的维护、爱慕和思念。

年糕有时候笨手笨脚撞到我，糕爸就会说："你应该小心一点，要是妈妈受伤了，我会很心疼。"

糕爸出差时，我会对着年糕絮叨："爸爸正在演讲呢。""不知道爸爸吃饭了没。""我好想他啊！"……

这些表达，并没有让孩子觉得自己不重要、被冷落，而是让他体会到父母相爱，从而给他带来丰沛的满足感和安全感。

有时候我们在年糕面前拥抱亲吻，他就会冲过来说"我也要"，于是我们三个人抱在一起，这时年糕会开心地说："我们变成三明治啦！"

我就会问他："你今天是火腿还是煎蛋啊？"

这个游戏我们能玩很久。

我们还有一个属于三个人的睡前仪式——连环亲，三个人围成一圈亲脸蛋，年糕还会经常鸡贼地多亲我一下，得意扬扬地向爸爸炫耀："我比你多亲了妈妈一下噢！"

有句话说"父母相爱是给孩子最好的教育"。我们是因为相爱才结合、建立家庭、养育孩子的，爱是一切的根源和起点。这样的家庭氛围能帮孩子塑造爱的观念，是我们给孩子的一份礼物。

年轻的时候，我以为爱情应该是言情小说里的那种，被霸道总裁捧在手心里，满耳甜言蜜语。对比起来，糕爸不够浪漫、不会甜言蜜语，还经常气得我跳脚。但日子过着过着，我才知道，爱情不能解决一切，只有自己变得更好，才值得拥有更好的夫妻关系和情感世界。

有一年七夕，我在北京做一场线下巡讲，晚上匆忙扒盒饭的时候，糕爸出现了——带着给我挑的花，坐飞机赶过来。那一刻，我觉得年轻时梦想中的剧本在中年得到了完美交付。

余生还长，认真对待每个当下，日子就不会过得太差。

让爸爸带娃，
我做对了三件事

因为在微信公众号上写育儿文章，我经常会提到我们家的一些育儿日常，比如糕爸带年糕骑平衡车了，糕爸给年糕读汽车杂志了……这些最常见不过的生活琐事，却总能引发很多妈妈情绪激动的留言：糕妈，你能不能分享一下怎么做到让爸爸这么会带娃的！

在当代女性的育儿生活里，"丧偶式育儿"显然已经成了一种现象。而那些吐槽老公不带娃的妈妈，很容易陷入无力改变现状的负能量场。

让爸爸积极参与带娃，真的有那么难吗？

为啥爸爸进入角色，总是好像慢半拍

其实在年糕一岁前，糕爸对带娃这件事也是各种逃避——平时就睡在书房，心情好的时候过来"视察"一下，把儿子当小动物逗弄一番，可一旦到了要给年糕洗个澡、换个尿不湿的时候，就自动往后退了。

公允地说，在头胎的时候，能够快速进入育儿状态的爸爸确实是少数。

不像妈妈因为怀孕、喂奶，跟孩子形成了天然情感联结，男人一开始是蒙圈的，不知道该做什么。在孩子会走、会说话之前，孩子对他来说是个只会哭和吃奶的小动物。

"我又不能给他喂奶，我能干吗？"很多爸爸带着这种想法，再加上偶尔想帮个忙的时候，被老婆、妈妈嫌弃笨手笨脚的，所以，几乎从一开始，在家庭育儿生活中，爸爸们就边缘化了。

人都是有惰性的，慢慢地，爸爸也习惯了自己被嫌弃、啥也不用干的舒服日子，甚至偶尔奋起一下，想带带娃，可环境也不支持。就像有个朋友说的，她难得见到一个爸爸带着娃在小区里活动，认为是个美谈，于是逢人就吹捧他。结果，这个爸爸没坚持几天就不干了，因为他觉得就他一个男人在带娃，而且也不知道该跟那些妈妈和奶奶聊什么。

现在回头看，年糕一岁前，我也确实做了很多把糕爸往外推的事情，好在年糕渐渐大了，糕爸这个角色终于能大派用场了。于是，在带娃这件事上，我及时调整了思路。

让爸爸带娃，我是这么做的

在带娃这件事上，既然爸爸们的基础没打好，那我们就得重新给爸爸带娃一个良好的开端。我的处理方法是，在糕爸心情好的时候，让他做一些力所能及以及他感兴趣的事情，让他慢慢参与到带娃这件事里来。

　　开始的时候，我会非常明确地给他"布置任务"，比如帮忙抱一下孩子、换个尿不湿、陪年糕玩十几分钟。这些事情都很小，看起来难度不大，不会让他产生畏难情绪。重要的是，让他在参与带娃的过程中，建立起带娃的信心和责任感。

　　在带娃这件事上，最忌讳的就是说"我有这么多事要做，你也不帮帮我"。直接说重点、切要害，需要他干什么，清楚地讲出来。对爸爸来说，获得"我确实能帮上忙"的成就感也是要一点一滴建立的。

　　慢慢地，糕爸找到了当爹的感觉。年糕再大一点，我就经常在掐准了糕爸情绪、找准时间的情况下，云淡风轻地让他陪年糕读半小时科普书，下楼玩一个小时滑行车……

　　总之，给他安排的活，尽量都符合他的兴趣——这个时候，要善于发挥男人的长项：玩。

　　糕爸自己也说了，带娃就是："跟他一起玩，我自己也觉得挺开心的。"

　　这个阶段，我的姿态是挺低的，有点像哄着一个大孩子来照顾小孩子。妈妈们不要急，眼光放长远一点，因为在做爸爸这件事情上，男人也需要进步空间。

　　那么，糕爸是从什么时候开始一跃成为"带娃达人"的呢？

　　有一年，我们一家去德国，当时我有两天的拍摄工作，没时间管孩子。糕爸第一次面临被迫全天候带娃的局面。

　　当时年糕3岁，想到糕爸要独自带他，一开始我还真的很不放心：

他一个人行不行啊？能不能让年糕吃好？万一年糕尿裤子了怎么办？哭了怎么办？

不过，再担心我也懂得要放手的道理：哪怕爸爸再粗心，只要别把孩子弄丢，我就能忍！

晚上，当糕爸带着满脸都写着开心的年糕出现在我面前时，我忍不住冲上去，给了他一个大大的拥抱。

回去的路上，我一路追问各种细节。

糕爸竟然一个人带着年糕，开车去了另一个城市逛博物馆。

我问："年糕吃得怎么样呀？"

糕爸气定神闲地说："就在博物馆里的咖啡厅吃的，我点了咖啡和汉堡，他就吃了一块蛋糕。"

"小孩子这样怎么吃得饱"这句话我硬生生咽下去了，换成赞美："年糕这一路都没有尿裤子，你很厉害呀。"

这时候，糕爸更加得意地说："他要上厕所自己会讲啊，小孩子跟着我很乖呀。"

我见糕爸都是"报喜不报忧"，转问年糕："今天跟爸爸过得怎么样？"

年糕说："很好啊！"然后就开始滔滔不绝跟糕爸聊他们看到的恐龙化石。

最后，糕爸很得意地自我总结道："带孩子，没什么难的。"

爸爸带娃真的很容易膨胀，产生"小孩子很好带""小孩子跟着我很乖"这种错觉，不过千万不要戳破他，爸爸的带娃热情往往就是由这种误会推动的。

在让糕爸带娃这件事上，我到现在还持之以恒在做的，是少唠叨、多表扬。

我身边有太多的妈妈，一边抱怨老公不带娃，一边在人家好不容易带一次娃时，指手画脚。爸爸那点可怜的积极性一下子就磨没了。所以，想让老公带娃，妈妈们一定要"抓大放小"，放弃对孩子方方面面都要管好的强迫症。

至于多表扬，那可是激励爸爸带娃的"超级武器"。糕爸表面上总是说："哎呀，你不要这么没有原则地表扬我，我做得也不算多。"实际上我的表扬让他非常受用，而且夸着夸着，他就真的都做到了。

在年糕面前，我也经常不遗余力地赞美糕爸，年糕经常把"我爸爸怎么怎么样""我要是长到爸爸这么高，就可以怎么怎么样了"挂在嘴边。随着年糕长大，他的求知欲爆炸式地增长，糕爸发现终于可以把自己满肚子的汽车、武器、机械知识都倒给年糕，享受他看着自己的那种单纯、崇拜、喜悦相交织的眼神。而且，他还能打着年糕喜欢的名义，买各种自己喜欢的汽车杂志、车模、遥控车……能不开心吗？

在我们的小发糕出生前，糕爸就已经跟我约定好："你和妈妈到时候只管把小的照顾好，年糕我会一个人搞定的！"

现在，每次遇到有人夸糕爸会带娃、能帮忙的时候，他会解释："带娃本来就是我们共同的责任，身为爸爸，这是我该做的，不是在帮忙。"

认真做爸爸，也给糕爸带来了满满的收获和明显的变化：作为一个钢铁直男，糕爸之前情感并不细腻，追求的是理性生活，一切从简。但是现在，陪着年糕长大，他用一种更柔软的触觉去重新感知了生活和世界，他甚至和我一起认真地张罗圣诞节，强调生活中的仪式感，变成了一个情感细腻，更有爱、更有幸福能力的人。

婆媳关系，
不是什么大问题

我们这一代人，绝大多数从读大学开始就离开父母独立生活。直到孩子出生后，父母公婆赶来帮忙，一家三代重新回到同一个屋檐下，过上了"新归巢生活"。这是城市里 80 后、90 后家庭的主流形态。

孩子的出生往往会让家庭里各种复杂的关系问题浮出水面，而婆媳关系更是首当其冲。

我家也是一样。在月子里，我也曾乱发脾气把婆婆赶走。但是后来，我们却能够愉快地相处在同一个屋檐下，有商有量地照顾孩子。我和婆婆的关系，是在日复一日的生活琐碎里慢慢变得紧密起来的。

你面对的不是婆婆，而是一段婆媳关系

记得我做过一次用户征集，让妈妈们夸夸自己的"好婆婆"。当时参与的人还真不少，一开始我欣慰于有这么多人都遇上了好婆婆，但是看着看着，我又难过起来了。

大家夸婆婆的点惊人相似，首先是任劳任怨。太多人夸婆婆的原因是勤劳肯干，包办了孕期照顾、伺候月子、带孩子、日常洗衣做饭等家务。

　　而和任劳任怨配套的，是"育儿都听我的"。大家口中的"好婆婆"，得愿意接受媳妇的育儿观念，并成为忠实的"执行者"，不仅要按交代的菜单做辅食，还要学会读绘本。

　　除了以上这些，能成为好婆婆而被表扬的点还在于给年轻人留出足够的空间，不干涉，不越界。

　　总结起来，好婆婆就是"能帮的尽量帮，不该管的不多管"。这样的婆婆，对媳妇来说是很完美的。但是我不禁要问：这到底是好婆婆还是好保姆呢？

　　不说别人，至少我老了以后，真的不想做这样的好婆婆。当我把自己切换到这个角度去思考时，我想明白了这个问题：为什么会有那么多的婆媳矛盾？

　　也许是因为，大家总是在期待着能遇到一个好婆婆，而好婆婆的标准又定得过于狭隘。

　　实际上，我们在婚姻里要面对的不是婆婆，而是一段婆媳关系，当你把它定位在"关系"上时，就意味着它是双向的。不管处在什么样的身份和环境下，一段成年人之间的关系要走向良性，需要的是双方的共同努力和经营，而不是单方面的付出或要求。

　　其实，当我重新邀请婆婆来和我们一起生活时，我对婆媳关系就有了一种很理性的定位：一起工作的伙伴。这份工作是什么？照顾好年糕，维持我们家庭的运作。这是我们愿意共同为之努力的目标。明确大家都是在为这件事努力，是平衡婆媳关系的最大前提，然后才好再去磨合分工合作的细节。

比如，很多婆媳矛盾，首先来自照顾孩子的理念不合，而"给孩子吃什么、不吃什么"可能是最直接的一个导火线。

在我们家也一样。一开始，我和婆婆总会为给年糕做的菜里该不该放盐而意见不合。

我不断提醒自己：我的目的不是指责婆婆做菜不讲究，而是让年糕和每个家人都吃得更健康营养；婆婆也不是故意不听我的，而是受限于她的经验和常识。那么我要做的，就是反复不断地用合理的方式把正确的事告诉婆婆。

我拉上糕爸，平时没事就总说些吃盐的话题，比如吃盐和小孩子长力气真没什么关系，太早吃盐会损伤宝宝的肾脏；吃盐太多对老人心脑血管、骨头也不好……

念叨多了，再加上我总是给她转相关的新闻和文章，她对少盐也就能接受了。

现在，公公对她烧菜太清淡有意见，她还会怼回去："你要吃咸就自己蘸酱油，我们吃淡的。"在外面吃饭，她也会先挑剔一下："这个菜太咸了，小孩子不能吃。"

每次看婆婆这么认真地替年糕的健康把关，我心里都有点小感动。老人要改掉一辈子重口味的习惯不是件容易的事，她愿意做出改变，就是出于让孩子和家人都能吃得更好的这份心。

我们不要期待不付出努力就能遇到一个完美好婆婆，而应把自己放在家庭女主人的位置上，去做推动这段关系的主导者。这是我的决定，而我也努力去这么做的。

光动嘴不够，关键还得靠行动

有人会说：要是动动嘴就有用，那处理婆媳关系就太简单了，可是我在家说了一百遍，老人也听不进去啊。

是的，光动嘴是不够的。怪老人固执不肯做出改变之前，我们还是要先问问自己：我帮老人做什么了吗？

很多时候，即使老人有心改变，却会受过去几十年生活经验的限制。我们只有多做一些，才能帮助老人跨出这一步。

比如我想让年糕吃得更好，像三文鱼、奶酪这样的食材，我就先买回家，然后不断告诉婆婆这个很好、很有营养，把辅食营养食谱贴在冰箱上带着她一起研究，自然而然地推动她用这些食材做菜。

我也会经常带她外出就餐，尝试各种新鲜菜式，还教她用手机、烤箱。现在，婆婆随手端出来的就是三文鱼炒饭、烤羊排这样的时髦菜式，连手机食谱、做菜 App 都用得很熟练，对一日三餐、营养均衡讲究起来，连我这个挑食的人都特别服气。

对此，我也绝不吝啬夸她："妈，你太厉害了，城里的老太太都没有你洋气！"无论多大年纪，人都是需要肯定的，嘴甜一点，随时给予婆婆正向鼓励，是婆媳关系天然的润滑剂。

还有一件很实际的事情可以做，就是要舍得给婆婆花钱。老一辈节省惯了，因此我通常会选择给她买一些能改善生活感受的好东西，比如电动牙刷、舒服的鞋。婆婆通常会念叨说花这钱干吗，但转头就出门炫耀"这是我媳妇给我买的"。每次我给自己妈挑什么买什么时，也会给婆婆同样来一份。

其实，套路千万条，真正搞好婆媳关系的办法还是真诚：把话说在前面、事情做在前面，带着老人去改变，去融入你的生活。

父母老了，生活方式也跟不上了，他们就像孩子一样，需要我们带领。我始终很清楚，与其把力气花在抱怨、嫌弃老人上，不如做点什么来解决问题。就像公公婆婆一开始非常抗拒用支付宝，糕爸直接给他们开了账户把钱充进去，告诉他们不学会用钱就拿不出来，他们也就用起来了。

真正体验到好处、感受到你的用心，老人也就愿意改变了。从最日常的餐桌矛盾，再到家庭生活的方方面面，都是这样。

现在，我每次私下里晒我们家餐桌的照片，看到丰盛营养、色香味俱全的一桌子好菜，总有人说："糕妈，你上辈子是不是拯救了银河系，才遇到这么好的婆婆！"

但是，我并不想用"好婆婆"去定义年糕的奶奶。我会说，她是个有做菜天赋的大厨，一个愿意学习新东西、广场舞跳得不错的洋气老太太，还是个关心家人的好女人。

在这样一段非常正向的婆媳关系中，我和婆婆正一起不断推动彼此做得更好。

像管理企业一样管理家庭

有句话说：人都没生过，谈什么人生呢？对女人来说，当了妈之后的人生挑战绝不仅仅局限在育儿和工作上，随之而来的还有变得成倍复杂的家庭关系。

从公公婆婆到娘家父母，因为照顾孩子，我们所有人都被捆绑在一起，每个人的想法、个性、生活习惯都各有不同，摩擦和冲突在所难免。在最初的焦头烂额过后，我越来越确信：作为女主人，我要强大起来，挑起管理和协调整个家庭的担子。确信了这点，我转头一想，这不就像管理企业一样吗？女主人就像这家企业的 CEO，承担着管理家庭事务和组织统筹工作。既然这样，那我何不更好地行使自己的权力，像管理企业一样来管理我们的家庭呢？

家庭会议，更高效的沟通方式

在管理公司的实践中，我学到了这种重视效率的沟通方式——开会，有什么事情大家在会上开诚布公地说出来。因此，我将会议模式引入了家庭管理。

公公婆婆来帮忙带孩子之后，我第一次发起家庭会议，是关于年糕穿尿不湿的问题。

年糕两岁多时还穿着尿不湿，老人们有一天就开始给他脱掉尿不湿，训练他上厕所。但是很明显，他还没有做好准备，每天都在尿裤子。

那天年糕睡着后，我和糕爸就去了公公婆婆的房间，这是第一次比较正式的四个人面对面谈话。

既然是家庭会议，最重要的是每个人都能充分地表达自己的意见。

我建议大家把自己的担心先说出来，我说："年糕早上问我：'妈妈，我怎么才能不尿裤子？'孩子压力很大，我担心对他的情绪有影响。"

公公婆婆也说了他们的感受，他们用的词是"丢脸"，觉得"这么大了还穿尿不湿丢脸"。

如果不是开诚布公地聊，我可能很难理解他们的感受。原来，他们每天带娃下楼溜达时，在小区"爱攀比"育儿大环境下耳濡目染，能早早脱掉尿不湿的孩子被夸"能干"，就开始担心年糕比不上别的孩子，会被看不起。

接下来的讨论里，我说了很多：为什么不要给孩子强行做如厕训练，这么做会给孩子带来什么坏处，尿不湿能穿到几岁……说这些时，我确保自己是心平气和的，只是希望帮助他们了解正确的知识。在这个过程中，糕爸也平和理性地表达了他的观点。

什么状态下的沟通才有效？就是你不带情绪和态度，为了推动解决问题而进行的沟通。我很清楚我的目标，是让大家一起做出对孩子更好的选择，而不是指责老人。

在这样的沟通氛围中，婆婆也很自然地说出了她更多的担忧：年糕如果到上幼儿园的时候还没做好准备怎么办？

关键节点来了，这时千万不能说"到时候再说"，一定要拿出能主导局面、解决问题的姿态。我给婆婆列了我的大致计划表，有详细的时间、步骤以及需要老人配合的部分，当他们发现我"心里有数"，"跟随起舞"就是很自然的选择了。

还有一次，我出差回来，感觉家里的气氛有些异样。公婆似乎在冷战，年糕看起来也无精打采、情绪紧绷。

我悄悄问糕爸怎么回事，他很粗线条地说："他们好像吵架了，不用管吧？反正过几天总会好的。"

这……好吧，能者多劳，看来这个金牌调解员注定只能是我。

那就开家庭会议吧！在会议上，公公和婆婆开始控诉对方：婆婆怪公公没有提前烧水，早上起来没有凉水喝；公公说婆婆老是嫌弃他，买的土豆不圆，买的肉不够新鲜……

这些听起来都是多小的事啊，可是很多时候，我们在家庭生活里的糟糕情绪，是不是就是因为陷在这样的小事里呢？一场家庭会议，让他们把情绪都释放出来，这样一来问题也就很好解决了。当时我给出的建议是，支持婆婆出去跳广场舞，这样他们都从这种盯着一点小事的状态里解放出来了。

家庭会议能够让大家倾诉担忧、提出诉求、解决问题，这种效率也许就是老人信任我的开端。

这几年生活在一个屋檐下，需要和公婆沟通的，比如全家人的假期安排等，我都会先和糕爸达成一个共识，告诉他我的最优方案是什么、次选是什么、底线是什么，这样沟通才不会因为需要反复确认协调而陷入混乱。

日程同步，每个人都能获得足够的"个人时间"

从建立信任开始，渐渐地，我把时间管理的办法也用到家庭管理中。直白点说，就是我把全家人的时间都安排得明明白白的。

其实，对于老人来说，有人替他们操心把事情安排好，反而是件好事情。比如以前我们忙起来，糕爸经常临时决定不回家吃饭，但是也不会和婆婆说一声。我觉得这对老人是非常不公平的，消耗了老人的很多时间和劳动成本。

所以，我就开始每天花二十分钟，把第二天的日程安排好。比如，每天几点接送年糕、年糕穿什么衣服、我们回不回家吃饭，我都会做一个当日行程表，提前记下来。每周花一个小时，把下一周的日程安排好。一周有什么重要的事一定要做，周末全家怎么玩，哪个时间谁可以安排自己的活动……我们也会像分蛋糕一样，把时间一块块分出来。

我还发现三个特别好用的小工具：日程表、白板墙、微信群。

日程表主要用来和糕爸同步时间，毕竟他是最主要的带娃伙伴。我每天将日程写好，贴在家里最显眼的地方，比如冰箱门上、卧室床头，保证他能及时看到——绝对不要指望男人能记住任何一件事，你现在和他讲半小时后要做什么，他五分钟后准保忘得一干二净。

　　我还下载了一个可以绑定双方、实时同步日程的 App，这样就算临时添加了事情，对方也能及时看到。

　　白板墙用来提醒全家确定的事情，比如年糕上下课的接送时间，谁要想不起来随时可以去看一眼。

　　微信群则用来通知临时发生的事情，比如晚上突然要加班，我就可以发到微信家庭群里，提前让老人知道。

　　我提前做好规划，让全家人都更省心，很快大家就都尝到了甜头——每个人都有了足够的"个人时间"。我想去游泳，糕爸喜欢打网球，婆婆爱跳广场舞，提前协调好时间，谁的爱好都不会耽误。公公就更不得了，在我们的一再鼓励下，他以 63 岁的高龄考到了驾照，活动半径顿时扩大了不少。

　　虽然我和糕爸的工作越来越忙，看上去空闲的时间越来越少，但是我们并没有因此每天手忙脚乱，疏忽了对孩子的陪伴和家里的照顾。相反，我还能匀出时间来指导婆婆跳广场舞的队形、帮她化个妆。这都是因为我把鸡飞狗跳的"忙"，变成有条不紊、很有价值的"忙"。

　　设身处地地去想，年轻人想要自己的空间、做自己喜欢的事情，老人不也一样吗？当我把整个家庭当成一个系统去建设的时候，每个人都能在这个家里找到让自己舒服的生活方式，这才是保证家庭氛围长久保持和谐的"底层建设"。

工具篇

家人愿望卡

家庭成员愿望日

很多教育理念把让孩子感受到自己是家庭中的重要一员，视为一种非常重要的认可和尊重。想提升孩子在家庭中的参与感和认可度，家庭会议是种非常好的方法。

对于大多数中国家庭来说，和孩子一起坐下来开会还有着很多实际操作中的障碍。我们不妨化整为零，从其中最高效的部分开始尝试。

比如，可以每周花一点时间，把生活中的琐事变成有仪式感的一些固定安排，如每个人写一件可以和全家人一起做的事，如包饺子、包馄饨、爬山，甚至一起出去吃顿饭都可以，放到一个盒子里，然后大家随机抽出来一一实现。

一周之后，全家人要再次一起讨论，每个人的想法是否得到了满足。

我们把这个工具称为"家庭成员愿望日"，也就是每个人提出一个愿望，大家想尽办法去帮他实现。

这个工具的意义在于：家里每个人都有一次强制的机会，可以要求家庭成员配合自己实现愿望。孩子在家长的引导下，实施提出想法、制订计划、参与解决的全过程。在这个过程中，让孩子体会到"家庭"的意义，还有自己作为家庭成员，与他人分担烦恼、分享快乐的价值感。

给你几个家庭愿望日的灵感：

灵感一：愿望银行

准备：一个方便打开的盒子、小纸条若干、笔

时间：30分钟

过程：前20分钟，每个人轮流聊一聊，自己最近有什么愿望。

留出10分钟，大家帮助一个人梳理一下，哪个愿望是最可行、最应该当下去做的。

把它写在纸条上，同时写下家庭成员的名字。如果有些愿望是有时间期限的，一定要写下时间期限。

愿望可以是：

我想学游泳	☐	我想去放风筝	☐
我想要更多好朋友	☐	我想减肥	☐
我想练习演讲	☐		

贴士：大家写完愿望后，最好隔一段时间打开盒子，一起聊聊愿望实现得如何了，如果实现了，可以跟家人分享一下实现的过程；如果还没实现，可以聊聊哪位家人可以帮助他实现；如果还在实现过程中，可以聊聊有什么可以改进，有什么可以增加或减少的。

灵感二：家庭party

准备：晚餐、娱乐项目（适合全家人参与的）清单

时间：2小时

过程：1.全家人一起吃晚餐，在这次略显特殊的晚餐里，最好大家约定好不要带手机，不要聊孩子的表现啊、成绩啊等容易引发负面情绪的话题；

2.吃完晚餐，大家一起收拾；

3.按照娱乐项目清单，要求每个成员都参与项目。

娱乐项目清单里可以有：

桌游	☐	一次性纸杯藏硬币	☐
传球游戏	☐	寻宝游戏（提供有限的线索）	☐
手指画	☐		

贴士：家庭 party 是融洽家人关系非常好的一种方式，在玩乐的笑声中，孩子更容易与你合作，你们的亲密关系也更容易建立。强制娱乐的时间不用太长，娱乐项目一定要选择大家都能参与的那种。

后
记

糕妈对话张泉灵——
把孩子们自驱力的种子种进热情的保护区

亲爱的妈妈们，欢迎来到这本书的最后，谢谢你们花阅读一本书的时间陪伴我，这是对写作者的最高奖赏。

如同写作一样，阅读的过程，也是孤独而芬芳的。

在这次阅读中，如果这本书里有那么一刻，也许是吉光片羽，对你的育儿生活有一点启发和帮助，那么，当我们共同踏过这条花园小径，来到路的尽头时，我相信，我们已经完成了一次精神共振——

我们都认同，亲子关系是育儿的本质，而我们能对孩子做的最好的事，是推动他成为一个有自驱力的人。

还记得我在本书的开篇提出的亲子关系金字塔理论吗?

我已经用了一整本书的时间来告诉大家，亲子关系的浓度来自陪伴，榜样的力量源于自我驱动，那么现在，让我来猜猜，你是不是还有一个问题想问——

关于金字塔的塔尖——自驱力，我们还应该做些什么呢？

尤其是，在面对面交流的时候，很多妈妈提出的是更现实扎心的问题——

我当然知道亲子关系很重要，但是糕妈你知道吗，孩子 6 岁以后，陪作业就是亲子关系的最大杀手啊！

很显然，陪作业引发的亲子矛盾，就是一个典型的"自驱力"难题，怎么才能让孩子发自内心地拥有学习的热情、拼搏的动力，而不是非得让妈妈推着、逼着往前走？

年糕今年才 5 岁多，让我来回答这个问题似乎为时尚早。于是，我带着这个问题请教了泉灵老师——

作为前央视知名记者、转型成功的教育投资人，现在，张泉灵有了一个新身份——老师。她在"少年得到"上线了《泉灵的小学语文课》，正在帮助很多孩子找到对语文和作文的热情。

同时，作为一个初中生的妈妈，她同样踩过育儿路上的坑。

在她看来，现在教育的最大问题，是抹杀了孩子们的自驱力和热情，而自驱力和热情不能建立在偶然性上，家长要做的事，就是把偶然性变成必然性，让孩子自己获得学习的自驱力和热情。

她现在做的关于教育的尝试，就是希望把孩子们自驱力的种子种进热情的保护区。

以下为大家带来泉灵老师的分享。

一个孩子的自驱力来自哪里，又该如何保护

泉灵老师敲黑板：正向反馈、找到真正喜欢的东西、社会责任感。

如何激发一个孩子的自驱力并保护好它，其实，我在回溯自己童年经历的时候，能找出一些答案。

第一个重点，是要让孩子得到正向反馈。

你们可能很难想象，我小时候是一个很胆小的人。胆小到什么程度呢？我在幼儿园想上厕所，却不敢举手，然后因为尿裤子被送回家。这件事反复发生，后来老师对我采取了两个措施。

第一个措施是告诉我，我想上厕所的时候，不需要举手告诉老师，可以自己出去，这是给我撤下了一道枷锁；第二个措施就是，老师发现我的模仿能力特别好，就把我带上舞台，让我去参加表演，这

让我发现了自己的长处——原来我是可以当众表演的一个人。

发现这个长处之后，小学阶段我就到少年宫参与了很多表演，后来就被选去上海美术电影制片厂开始配音，配过《黑猫警长》的白鸽警探，还参与好多动画片的配音。

因为配音是有作品可以留下来的，这让我得到了极大的鼓励。我就开始主动去找各种各样的、可以有作品留下来的事情去做。比如去给《小主人报》投稿，然后我就当了《小主人报》的编辑。当这些事情一步一步发生时，你会发现：真正的正向反馈，就是孩子能找到自己的长处，然后还可以找到一些机会去维持这样的发现。

所以家长要做的最重要的事，就是替孩子发现这样的机会，然后让它变成他发现自己的一个闪光点，只要通过努力就能实现，而不是一次偶然。

回想我小时候，我妈给了我不少这样的机会。比如送我去少年宫，鼓励我去投稿，看我的表演。当年配音、上少年宫还很少见，今天的孩子这种机会要比我们那个时候多。

比如，你可以鼓励孩子去建个公众号，第一批用户有可能是你的亲朋好友，但是慢慢地，他可能会有更多的机会去接触陌生人。如果经营一个公众号对一个孩子来说，工作量太过繁重，你可以鼓励他到一些知识平台上去留言，也许就会得到回复。

这也是一种正向反馈，今天孩子得到这种正向反馈的机会要比我们当年多得多。正向反馈就像是给一个发动机里添油，否则就算他开始发动了，但由于后续动力不足，也会发动不起来。所以，家长要给孩子形成一个加油的机制。

第二个重点，是我被点醒的一件事情，就是找到自己真正喜欢的事。

高一时我碰到了一个特别好的语文老师，他挑了班上几个语文不错的学生，每两周安排我们看一本世界名著。

作为一个不想辜负老师期望的好学生，我每次都会很努力地看完，再去跟老师交流一下。直到有一天，他给了我一本书叫《奥涅金》，是俄罗斯作家普希金的一本诗体小说，我就实在看不下去了，拖了三个星期以后很羞愧地跟老师说："我不喜欢这本书，我看不完。"

结果当时老师就把书收了回去，告诉我："没关系，你不喜欢就可以不看，你看书其实是为了找到你喜欢的书。"

这件事让我意识到，原来我看书不是为了完成一个信念、完成一个任务，而是为了找到我喜欢的书。接着我就用了大量时间去图书馆找我到底喜欢看什么书，不再因为这本书名气大，或完成某个任务去看书。找到自己喜欢做的事、发自内心地去做，这个认知对我后来的人生影响非常大。

第三个重点，自驱力的形成还有相当大一部分来自责任感。

我上小学四年级的冬天，脑子里第一次出现"责任感"这三个字。

那年上海爆发了一场大的流感，过年时我爸妈都病倒了，家里大小事情突然都落到了我一个人身上。那时候家里还没有冰箱，家里的年货都需要处理，不然就会坏。

于是我人生中第一次杀了一条好几斤重的青鱼，还要去请教邻居怎么分切、调味、熏炸，把它制成易于保存的熏鱼。我一下子变得很能干，因为知道自己没有退路嘛——爸妈都病在床上呢。

很多家长可能会觉得，责任感这件事对孩子来说太早了，我倒觉得责任感是需要从小培养的，如果没有小时候对家庭、对自己该干的事的责任感，长大后的社会责任感也不会凭空就有的。

在责任感培养上，我现在对我儿子干的一件事就是"主动示弱"。比如，创造机会，让他为家庭服务，我会跟他说："妈妈今天脖子不太舒服，完全不能低头，需要你帮我来完成打扫房间的工作。"他服务完了就会获得"原来我还能干这件事情""我还能帮助大人"的正向反馈，这就是培养孩子责任感的过程，机会就隐藏在最普通的家庭生活里。

从家长推动到孩子自我驱动，这中间的关键点是什么

泉灵老师敲黑板：我推孩子的方式，是让他自己逼自己。

上面和大家分享的关于自驱力的三个重点，都是需要家长制造机会、推一把的。那么，从家长推动到孩子自我驱动，这个实现的过程还缺什么呢？

自驱力是驱动自己得到一种东西的能力，但现在的孩子往往是没有自驱力的——他们得到什么都太容易了，失去了也不觉得可惜。他们真的有拼了命想得到的东西吗？

正因为这样，教育孩子"为什么要努力"也变成了一件特别难的事情。

为此，我做了一件事：今年年初的时候，我带我儿子去爬了乞力马扎罗山，非洲最高峰，海拔 5895 米。从国家公园的 1700 米起步，5 天，3 个营地，就是为了让这个 12 岁男孩知道，在这个世界上，有些东西，他不逼自己一把，是永远得不到的。

在最后登顶的 36 个小时里，我们各自遭遇了 3 次肌糖原和肝糖原几近耗尽的情况。那是什么感觉？就是生理上一步都走不动了，手都抬不起来了，身体根本来不及分解蛋白质和脂肪，以供给不断的能量需求。

登山就是这样，最后无论有什么条件的支持，除非你倒下，每一步还是要你自己走。不容易的不是累，而是决定继续往上。我相信，儿子比我难。大概在他之前 12 年的人生里，从没有什么是他要将自己逼到几乎绝望才能得到的东西。因为他没有逼过自己，所以失去也不算什么。

登顶的时候，我跟教练说，安全底线你来把握，你决定他要下山，他就必须得下山。但向上不是我的要求，是他自己。他想上就继续往上，不想上了我也不说什么。

所以，我对我儿子采取的策略叫"你自己决定你是上还是下"——我们给你提供所有专业的支持系统、向导、背夫、行进的线路、前面的营地，你自己决定你是上还是下。

人在一个氛围当中，还是会逼自己一把的。最后我和他都登顶了，并在山顶拍照留念，照片中他坐着。后来他跟我说，他已经不记得自己是怎么在山顶照的相了。

一个孩子的成长、自信的建立，总是这样完成的，超过他自己想象的可能，超过他的父母，最后还是超过他自己。

逼自己一把，觉得自己做了一件很了不起的事情，就是自驱力带来的自信和快乐。

人一旦完成一次"原来我还能这样"的事情之后，他就长大了。这个过程，他在人生当中一定要经历一次，这个感受会内化成一种身体记忆，而不再是一个道理。所以我儿子现在碰到一点困难的时候，我经常让他回忆一下。我说："你想一想，你最后那天登顶的时候感觉就是在逼自己一把，是不是最后也坚持下来了？"

看完泉灵老师的分享，现在我为大家总结一下她的自驱力小课堂的重点。在激发并保护孩子自驱力这件事上，家长要做的——

1. 要创造机会让孩子得到正向反馈，来自家人之外的肯定更有用；

2. 要让孩子找到自己喜欢的事，自信是自驱的基础；

3. 要从小培养孩子的责任感，他长大了才会获得足以驱动自己的社会责任感。

在从家长推动到自我驱动的路上，泉灵老师使了一个狠招，让孩子自己逼自己一把，体会自己到底能有多牛。

在和泉灵老师的交流中，最触动我的，除了乞力马扎罗山上惊心动魄的故事，还有她说的这段话：

如果把人生比作一个竞技场，那么我们在完成的运动项目是跳高比赛。这就意味着最终的结果，一定是以失败告终。因为只要你不下场，就总得挑战新的高度，总要迎接一次次的失败。

这也一样可以解释我对育儿这件事的看法：我们陪孩子走的这段路，不是为了让他比别人抢跑一个身位，而是希望他能够得到不断去挑战新高度的勇气。

带着这样的勇气和信心，我相信，以后我们的孩子，一定会去到更高的人生海拔。

和大家共勉。

图书在版编目（CIP）数据

你的亲子关系价值千万 / 年糕妈妈李丹阳著 .—北京：
北京联合出版公司，2019.11
ISBN 978-7-5596-3771-0

Ⅰ . ①你… Ⅱ . ①年… Ⅲ . ①亲子关系－家庭教育
Ⅳ . ① G782

中国版本图书馆 CIP 数据核字（2019）第 217344 号

你的亲子关系价值千万

作　　　者：年糕妈妈李丹阳
责任编辑：牛炜征

北京联合出版公司出版
（北京市西城区德外大街 83 号楼 9 层　100088）
北京盛通印刷股份有限公司印刷　新华书店经销
字数 220 千字　880 毫米 ×1230 毫米　1/32　印张 10.375
2019 年 11 月第 1 版　2019 年 11 月第 1 次印刷
ISBN 978-7-5596-3771-0
定价：55.00 元